Album van een wetenschappelijke wereld

Album of a Scientific World

Album van een wetenschappelijke wereld
of a Scientific World

De Leuvense
universiteit
omstreeks 1900

The University
of Louvain
around 1900

Geert Vanpaemel · Mark Derez · Jo Tollebeek

LIPSIUS LEUVEN

Auteurs Authors

Truus van Bosstraeten (TVB)
Marleen Brock (MB)
Mark Derez (MD)
Lyvia Diser (LD)
Sofie Onghena (SO)
Jan Roegiers (JR)
Jo Tollebeek (JT)
Geert Vanpaemel (GV)
Luc Verpoest (LV)
Kaat Wils (KW)

Inhoud Contents

Voorwoord

Een publicatie op basis van archiefmateriaal is doorgaans het resultaat van lang en moeizaam monnikenwerk van de historicus en archivaris, die de naamloze documenten ordenen en kneden tot er een levendig beeld van het verleden uit ontstaat. Slechts heel zelden bevat een archief materiaal dat 'zomaar' publicatierijp is. U houdt nu een voorbeeld daarvan in handen.

In 2007 ontving het Leuvens Universiteitsarchief een foto-album met daarin een schitterend beeld van de K.U.Leuven kort vóór 1900, schitterend vooral omdat we mee naar *binnen* mogen en dus echt de plaats zien waar toen onderzocht en gedoceerd en gewerkt werd.

Het is een universiteit van lang geleden, kleinschalig, Franstalig, een beetje armtierig eigenlijk ook. En het lijkt ook wel een universiteit zonder mensen. Waar zijn de onderzoekers en de docenten? Ze ontbreken grotendeels op de foto's, die juist daardoor echter alle aandacht naar de binnenkant van de gebouwen en de omgeving doen gaan. Afwezig zijn de studenten en professoren niet, ze hebben alleen even een stapje opzij gezet, en dadelijk gaan ze weer aan de slag, wijzend naar een wandplaat of een opgezet dier, ze bekijken een petrischaaltje of turen door de microscoop. Het is *hun* universiteit, waar wij even een kijkje in mogen nemen. Het is ook *onze* universiteit, embryonaal, anders, uit een grijs verleden – maar wel echt, zonder romantiek of vertroebeld door heimwee. Juist daarom is dit boek zo relevant: eigenlijk gaat het over ons.

Prof. Mark Waer
Rector K.U.Leuven

De wetenschap, onze universiteit en het volledige hoger onderwijs maken stormachtige ontwikkelingen door. We reorganiseren, we evalueren en we evolueren, sneller en sneller. Zouden onze intellectuele over-overgrootouders ons begrijpen, onze drukte en datgene waarover die drukte gaat? Misschien, maar het zou een lange uitleg vergen, even lang als de uitleg die wij nodig zouden hebben om te begrijpen hoe hun universiteit aanvoelde, de universiteit die u in dit boek ziet. Gelukkig zeggen beelden meer dan woorden, wist men meer dan honderd jaar geleden ook al.

De foto's uit dit waardevolle album nodigen uit tot grondig bekijken, omdat ze ons een inzicht geven in waar we vandaan komen. De onderzoeker van 2011 ziet de genese van zijn huidige werkvloer. De docent van vandaag herkent zijn werkomgeving.

Ik vind het een voorrecht te werken voor een instelling met een zo rijk verleden (en een ongetwijfeld zo rijke toekomst) als de K.U.Leuven. Geschiedenis is des te boeiender naarmate ze meer te maken heeft met onze dagelijkse omgeving, zo maakt dit boek duidelijk.

Ik feliciteer de ploeg die dit boek verzorgd heeft. Ze heeft de geschiedenis van onze universiteit toegankelijker gemaakt.

Prof. André Oosterlinck
Voorzitter Associatie K.U.Leuven

Preface

A publication based on archive material is usually the product of lengthy, laborious, solitary work by the historian and the archivist, who sort through obscure documents and work on them until a living picture of the past emerges. Only very rarely does an archive hold material that is ready for publication 'as it is'. You have an example of such material before you right now.

In 2007, the Leuven University Archive received a photograph album presenting a brilliant image of the university shortly before 1900. Its brilliance lies in the fact that it takes us *indoors* and in this way truly enables us to see the place where research, teaching and work was carried on at that time.

It is a university of long ago: small-scale, French-speaking, and if truth be told slightly shabby. And it also appears to be a university without people. Where are the researchers and lecturers? They are largely missing in the photographs, and precisely for this reason, the viewer's full attention is drawn to the interior of the buildings and the setting. The students and professors have not gone away: they have merely stepped to one side for a moment, and will get back to work again immediately, pointing to a wall chart or a stuffed animal, examining a Petri dish or peering through a microscope. It is *their* university of which we are given a glimpse. It is also *our* university, in embryonic form, different, from a dim and distant past – but authentic and without romanticism or nostalgia. And this is what makes this book so relevant: it is really about us.

Prof. Mark Waer
Rector, K.U.Leuven

Science, our university and the whole of higher education are going through turbulent times. We are reorganising, evaluating and evolving ever faster. Would our intellectual forebears understand us, our busyness and what it is that keeps us so busy? Perhaps, but it would require lengthy explanation – as lengthy as the explanation that *we* would need to understand what it was like at *their* university, the university that you see in this book. Fortunately, a picture is worth a thousand words, as was already realised over a century ago.

The photographs from this valuable album invite thorough examination, because they give us an insight into where we come from. The researcher of 2011 can see the origins of his work setting, and the lecturer of today recognises his working environment.

I consider it a privilege to work for an institution with such a rich past (and without any doubt a rich future) as the University of Leuven. History is all the more fascinating when it relates to our everyday environment, as this book makes clear.

I wish to congratulate the team that has produced this book. They have made the history of our university more accessible.

Prof. André Oosterlinck
Chairman, K.U.Leuven Association

Academisch erfgoed

Aan het begin van de eenentwintigste eeuw herinnert nog weinig in de Leuvense universiteit aan de oorspronkelijke gebouwen waarin zij sedert haar oprichting in 1834 was ondergebracht. De grote verhuisbeweging uit de binnenstad is nog niet afgerond, maar de verdwijning van belangrijke onderdelen van de universiteit uit het stadsbeeld wordt meer en meer duidelijk. De instituten voor geneeskunde en farmacie verhuisden één na één naar de Gasthuisberg en met de voltooide en nakende ontruiming van het Premonstreitcollege en de gebouwen aan de Bériotstraat is ook de Groep Wetenschap en Technologie nagenoeg volledig uit de binnenstad weggetrokken. Ook de meeste faculteiten van de Humane Wetenschappen zijn in nieuwe gebouwen ondergebracht. De binneninrichting van de oude colleges van De Valk, de Hogenheuvel en het Paus- en het Maria-Theresiacollege zijn aangepast aan de hedendaagse noden van onderwijs en onderzoek. Het voormalige instituut voor scheikunde in de Naamsestraat is omgebouwd tot een kunstencentrum. Zelfs de eeuwenoude Universiteitshal ontsnapte niet aan de zich opdringende herinrichting van de beperkte ruimte. Alleen in de statige lokalen van het Hoger Instituut voor Wijsbegeerte is een fractie van de laatnegentiende-eeuwse academische geur blijven hangen.

De modernisering van de universiteit is een rode draad die door haar geschiedenis heen voortdurend aanleiding was tot nieuwe bouwprojecten. In de beginjaren van de Katholieke Universiteit werden door de stad vooral de gebouwen van de Oude Universiteit (1425–1797) ter beschikking gesteld. De wetenschappelijke infrastructuur was beperkt. De universiteit kon gebruik maken van de stedelijke Kruidtuin, de *hortus* van de voormalige Rijksuniversiteit (1816–1835), terwijl de professoren van de medische faculteit hun studenten opleidden in het Sint-Pietersgasthuis. Wetenschappelijke en didactische collecties werden opgesteld in zolderruimtes of in lokalen die niet voor andere doeleinden konden worden ingezet. Met de opkomst van de laboratoriumwetenschap op het einde van de negentiende eeuw werd de vraag naar aangepaste locaties sterker. De universiteit kende een eerste uitbreidingsgolf, aanvankelijk geconcentreerd rond de Minderbroedersstraat en de Tiensestraat. De bouwactiviteiten zetten zich verder na de Eerste Wereldoorlog met het hypermoderne Instituut voor Fysiologie in de Dekenstraat en het merkwaardige Farmaceutisch Instituut in de Parkstraat. Ook werden de eerste gebouwen voor de Speciale Scholen voor ingenieurs in Heverlee opgetrokken. Na de Tweede Wereldoorlog begon de uittocht van de exacte wetenschappen uit de binnenstad, met de bouw van de Campus Heverlee. Vijfenzestig jaar na het einde van de oorlog is deze beweging bijna voltooid.

Het bouwbeleid van de universiteit illustreert de dynamiek van een instelling die zich bewust is van haar rol als intellectueel en wetenschappelijk centrum. Het is daarom ook goed om de etappes van dit beleid voor ogen te houden. De inzet van de negentiende-eeuwse rectoren en hoogleraren toont hoe de zoektocht naar modernisering vanuit hoogstaande wetenschappelijke idealen steeds een prominent kenmerk is geweest van de universitaire gemeenschap. Hoe armlastig de Katholieke Universiteit in de negentiende eeuw ook was, toch vond zij middelen om zich te ontwikkelen tot een volwaardig wetenschappelijk onderzoekscentrum. Het hier gereproduceerde fotoalbum van de universiteit anno 1900 getuigt van de trots waarmee de universiteit haar nieuwe gedaante aan de buitenwereld wilde tonen. De prioriteiten van het beleid, die ongetwijfeld werden gedeeld door de meerderheid van het professorencorps, waren gericht op de uitbouw van een wetenschappelijke instelling die zich kon meten met de internationale standaarden. Uit de oude foto's treden de inventiviteit en de creativiteit naar voren waarmee oplossingen werden gezocht om dat doel te bereiken.

Het is de taak van de universiteit om haar academisch erfgoed met de nodige eerbied een plaats te geven in het collectief geheugen. Net op het ogenblik dat de oude universitaire locaties in de binnenstad worden verlaten, dreigt een deel van de historische herinnering verloren te gaan. Dit zou jammer zijn. Het academisch erfgoed is meer dan de verzameling van stoffige relicten, die een moderne beeldvorming in de weg zouden staan. Juist door het academisch erfgoed wordt de activiteit van de universitaire gemeenschap zichtbaar. Of het nu gaat om gebouwen, meubilair, wetenschappelijke collecties, archiefstukken of merkwaardige *realia*, het erfgoed is voor de hedendaagse universiteit een middel om de eigen identiteit, zoals die door de voorgaande generaties werd vorm gegeven, te begrijpen. Het academisch erfgoed is ook een belangrijk cultuurbezit dat voor de gemeenschap moet worden bewaard. Wie opkomt voor een leidinggevende maatschappelijke rol van wetenschap, moet ook de bron van die wetenschap, met name de academische wereld, voor het publiek toegankelijk en begrijpelijk maken. Het academisch erfgoed is, samen met en in het verlengde van het hedendaagse beeld van de universiteit, het uithangbord van de wetenschappelijke cultuur die door de universiteit wordt uitgedragen.

Aan de K.U.Leuven werd in 2006 een Commissie Academisch Erfgoed opgericht, die tot taak heeft de zorg voor het academisch erfgoed aan de universiteit te bevorderen. In het bijzonder kreeg de Commissie tot taak het erfgoed aan de universiteit te inventariseren en te ontsluiten, en beleidsondersteunende adviezen ter zake te formuleren. De Commissie heeft een doorlichting gemaakt van het academisch erfgoed aan de universiteit en verschillende initiatieven genomen om het erfgoed opnieuw onder de aandacht van de universitaire gemeenschap te brengen. Door de publicatie van erfgoedbrochures (over het Thermotechnisch Instituut en over de Collectie Michotte), door tentoonstellingen (Erfgoeddag, Midzomer) en door wetenschappelijk onderzoek (onder meer het door de academische overheid en het Fonds voor Wetenschappelijk Onderzoek gefinancierde project over de wording en ontwikkeling van de moderne laboratoriumcultuur, uitgevoerd door de onderzoekseenheid Cultuurgeschiedenis vanaf 1750) tracht de Commissie een eigen plaats te verwerven voor het academisch erfgoed. De commissie nam ook het voortouw in de oprichting van een Vlaams Interuniversitair Platform Academisch Erfgoed, dat met de steun van het Ministerie van de Vlaamse Gemeenschap het academisch erfgoed landelijk in kaart zal brengen en op die manier tot een eenvormige ontsluiting zal bijdragen. Met aan de horizon de nakende herdenking van de eerste oprichting van de universiteit (1425–2025) zal de Commissie, in het kader van het ruimere cultuurbeleid van de universiteit, ook de volgende jaren blijven werken aan de ontsluiting, de valorisatie en het beheer van het Leuvense academisch erfgoed. Zij zal dat blijven doen in nauwe samenwerking met het Universiteitsarchief.

De publicatie van dit fotoalbum is een unieke kans om aan een breder publiek de rijkdom van het Leuvense universitaire erfgoed te tonen. De medewerkers aan het publicatieproject hebben elke foto van (vaak historische) commentaar voorzien, waardoor de blik van de lezer zich op de diverse inhouden van de getoonde beelden kan richten. Maar eigenlijk spreken de foto's voor zich en is het aan de lezer om aan dit materiële erfgoed zijn eigen immateriële bijdrage toe te voegen. De beelden roepen voor sommigen herinneringen op, voor anderen gaat het om een eerste confrontatie met een wereld die schijnbaar voorbij is. Steeds zetten ze aan tot binnentreden in de gefotografeerde ruimtes, een mentale reconstructie van wat het was om anno 1900 (en hoe anders is het anno 2011?) als student of hoogleraar zijn of haar weg te zoeken in de veelvormige wereld van wetenschap en onderzoek. Met dit fotoalbum wordt visueel een brug geslagen tussen verleden en toekomst. Moge het gekoesterd worden als een kostbaar familiealbum van de universitaire gemeenschap.

Geert Vanpaemel
Voorzitter Commissie Academisch Erfgoed

Academic heritage

At the start of the twenty-first century, little remains at the University of Leuven that recalls the original buildings in which it was housed from the time of its refoundation in 1834. The major relocation programme out of the city centre has not yet been completed, but the disappearance of large components of the university from the cityscape is becoming increasingly evident. The institutes for medicine and pharmacy have moved one by one to the Gasthuisberg, and with the vacating of the Premonstratensian College and the buildings on Bériotstraat (partly already completed and partly impending), the Science, Engineering and Technology Group's departure from the city centre is likewise almost complete. Most of the Human Sciences faculties have also been accommodated in new buildings. The interiors of the old colleges, De Valk (The Falcon), Hogenheuvel (High Hill), Pope's and Maria-Theresa College, have been adapted to modern teaching and research requirements. The former chemistry institute on Naamsestraat has been converted into an arts centre. Even the ancient University Hall has not escaped the pressing need to reorganise the limited available space. Only in the imposing rooms of the Higher Institute for Philosophy has a trace of the late-nineteenth-century academic atmosphere lingered.

The university's modernisation has been a constant theme throughout its history, forever giving rise to new construction projects. In the early years of the Catholic University, it was mainly the buildings of the Old University (1425–1797) that were made available by the city. The scientific facilities were limited. The university was able to use the municipal Botanical Garden, the *hortus* of the former State University (1816–1835), while the professors of the Medical Faculty taught their students at St Peter's Hospital. Scientific and teaching collections were established in attics or rooms unsuitable for other uses. With the emergence of laboratory-based science in the late nineteenth century, the demand for suitable locations increased. The university underwent its first wave of expansion, initially concentrated around Minderbroedersstraat and Tiensestraat. Construction activities continued after the First World War with the hypermodern Institute for Physiology on Dekenstraat and the striking Pharmaceutical Institute on Parkstraat. The first buildings for the Special Schools for engineers in Heverlee were also put up. After the Second World War, the exodus of the exact sciences from the city centre began, with the creation of the Heverlee Campus. Sixty-five years after the end of the war, this process is almost complete.

The university's construction policy illustrates the dynamism of an institution that is conscious of its role as an intellectual and scientific centre. This is why it is important to keep sight of the phases through which this policy has passed. The dedication of the nineteenth-century rectors and professors shows how the quest for modernisation based on lofty scientific ideals has always been a prominent characteristic of the university community. Poverty-stricken though the Catholic University was in the nineteenth century, it still found the funds to develop into a fully fledged centre of scientific research. The photograph album of the university around 1900 reproduced in this publication testifies to the university's proud desire to demonstrate its new appearance to the outside world. The policy priorities, which were doubtless shared by the majority of the teaching staff, were oriented towards the further development of a scientific institution which could live up to international standards. The old photographs give an idea of the inventiveness and creativity with which solutions were sought to achieve that goal.

The university has a responsibility to ensure that its academic heritage gains a place and due respect in the collective memory. Precisely at a time when the old university sites in the city centre are being vacated, part of the historical memory is in danger of being lost. It would be a shame to let that happen. The academic heritage is more than an assemblage of dusty relics that somehow impede the creation of a modern image. It is in fact precisely through that heritage that the activity of the university community becomes visible. Its heritage – buildings, furniture, scientific collections, archive items and curious *realia* alike – is a means by which today's university can understand its own identity as it was shaped by preceding generations. It is also an important cultural possession that must be preserved for the community. Those who advocate a leading role in society for science also need to ensure that the source of that science, namely the academic world, is accessible and comprehensible to the public. The academic heritage is, together with and as an extension of the university's contemporary image, the visible face of the scientific culture promoted by the university.

In 2006, an Academic Heritage Committee was set up at K.U.Leuven, whose role is to promote interest in the academic heritage at the university. In particular, the Committee was given the task of compiling an inventory of the university's heritage and opening up access to it, and of formulating policy advice in this area. The Committee has examined the academic heritage at the university and taken various initiatives to bring it to the attention of the university community once again. Through the publication of heritage brochures (about the Thermotechnical Institute and the Michotte Collection), exhibitions (Heritage Day, Midsummer) and scientific research (including a project on the origins and development of the modern laboratory culture, financed by the academic authorities and the Research Foundation – Flanders and carried out by the research unit 'Cultural History since 1750'), the Committee has sought to define a distinct place for the academic heritage. The Committee has also taken the lead in establishing a Flemish Interuniversity Academic Heritage Platform, which, with the support of the Ministry of the Flemish Community, will identify the academic heritage across Flanders and in this way contribute to the creation of uniform access. With the upcoming commemoration of the university's original foundation (1425–2025), the Committee will continue its work in the years ahead on opening up access to, showcasing and managing Leuven's academic heritage, within the framework of the university's broader cultural policy. It will continue to do so in close collaboration with the University Archive.

The publication of this photograph album is a unique opportunity to show a wider public the wealth of Leuven's university heritage. The contributors to this publication have provided each photograph with a commentary (often of an historical nature), in which the reader's attention is drawn to various aspects of what is depicted. In fact, though, the photographs speak for themselves, and it is up to the reader to add his or her own non-material ingredient to this material heritage. For some, the pictures evoke memories; for others, they represent their first view of a world that has virtually gone. They invite the reader to enter the photographed premises and mentally reconstruct what it meant to be a student or a professor in 1900 (and how this differed from 2011), or to make one's way in the multifaceted world of science and research. This photograph album creates a visual link between past and future. It should be cherished as a precious family album of the university community.

Geert Vanpaemel
Chairman, Academic Heritage Committee

Van *studium generale* tot *research university*

Bijna zes eeuwen na de oprichting van een *studium generale* te Leuven zijn de sporen van de eerste stichting nog niet helemaal uitgewist. Het rectoraat huist nog steeds in de Universiteitshal, de oude lakenhal die door het stadsbestuur in 1432 deels ter beschikking werd gesteld. De achttiende-eeuwse portiek van de *Vicus*, het gebouw van de Artesfaculteit, is opgenomen in de nieuwe toegangspartij van het Museum M. Talloze residentiële colleges, veelal opnieuw geïntegreerd in de moderne universitaire infrastructuur, verwijzen naar de vele generaties studenten die hier studeerden vóór de Franse Revolutie een einde maakte aan wat nu de 'Oude Universiteit' wordt genoemd. De karakteristieke gebouwen, die in de twee vorige eeuwen eerder als een last dan als een zegen werden beschouwd, dragen nu bij tot een nieuw historisch besef bij de academische gemeenschap. Dit besef staat niet haaks op de noodzakelijke dynamiek van de hedendaagse universiteit, maar geeft haar gewicht en slagkracht.

Aan de oude universiteit wordt niet (meer) de identiteit van de moderne universiteit ontleend, maar de lange geschiedenis expliciteert in vele taferelen de eigen positie van de Leuvense universiteit in het maatschappelijke veld. Toch moet voorzichtig met de historische cultuur worden omgegaan. Hoewel de universiteit, vroeger en nu, altijd een vrijhaven voor wetenschappelijke studie en kritisch debat is geweest, zijn doel en methode van de wetenschappen door de eeuwen heen sterk veranderd. De cartografie van Gerard Mercator had heel andere doeleinden dan wat een hedendaagse geograaf in zijn onderzoek nastreeft. Ook de maatschappelijke inbedding van de universiteit moet in elke fase van haar geschiedenis in het juiste historisch perspectief worden begrepen. Haar relatie met de wereldlijke en kerkelijke autoriteiten was wisselvallig. Die met Rome varieerde van onvoorwaardelijke trouw tot kritische distantie. Leuven gold in de zestiende eeuw als de kweekschool van de contrareformatie, maar in de zeventiende eeuw als broeihaard van het jansenisme. De universiteit was vooral tuk op haar autonomie en soms speelde ze vorst en kerk tegen elkaar uit. In de negentiende eeuw bouwde een militante universiteit enthousiast mee aan de verzuilde samenleving, hoewel tegelijkertijd de spanningen met het roomse gezag soms hoog opliepen. Een dergelijke complexiteit is eigen aan een instelling van die omvang, maar maakt het de historicus moeilijk om tot een evenwichtige inschatting te komen. Elke reconstructie van de geschiedenis is in belangrijke mate een spiegel van de hedendaagse wereld.

In de wetenschapsgeschiedenis zijn de universiteiten lange tijd beschouwd als weerbarstige bastions van conservatisme. De intellectuele vernieuwing, soms aangeduid als de 'Wetenschappelijke Revolutie', ontstond in de zeventiende eeuw buiten de universiteit, en meer nog, als reactie op de universitaire wetenschap. De introductie van de moderne natuurwetenschap aan de universiteiten verliep moeizaam en hinkte tientallen jaren achterop. Dit beeld is intussen bijgesteld.

Nieuw historisch onderzoek toonde aan dat universiteiten wel degelijk hebben bijgedragen tot de Republiek der Letteren en dat zij niet blind waren voor de veranderende wereld om zich heen. Niettemin is het beeld van de oude Leuvense universiteit sterk door de conservatieve interpretatie van vroegere historici bepaald. Zowel in de achttiende als in de negentiende eeuw werd zij beschuldigd van obscurantisme en verzet tegen de ideeën van de Verlichting. Ook Leuvense universiteitshistorici zouden deze visie overnemen, al brachten zij die in verband met de precaire politieke en economische omstandigheden die gedurende vele jaren de rust en de welvaart van de universiteit en de academische gemeenschap bedreigden.

Het is uiteraard misleidend om de oude universiteit te beoordelen met maatstaven van een meer moderne tijd. De missie van het *studium generale* dat in 1425 door een bul van paus Martinus V werd opgericht, kan niet zonder meer als onderwijs of onderzoek in moderne zin worden gekenmerkt. Studeren aan de universiteit was eeuwen geleden in wezen een intrede in een elitaire wereld van geleerdheid. De nieuwe student begon zijn studie aan één van de vier pedagogieën van de Artesfaculteit, waar hij gedurende twee jaar les volgde in de logica, de natuurfilosofie en de metafysica. Daarna kon hij zich inschrijven aan één van de hogere faculteiten voor theologie, rechten en geneeskunde. Niet alle studenten maakten hun studie af, maar wie dat wel deed, verbleef algauw vijf tot negen jaar in Leuven, voldoende tijd om zich de academische denktrant en levensstijl eigen te maken. Gedurende die tijd was het contact tussen studenten en hoogleraren heel intens. De academische gemeenschap vormde een hechte groep, onder meer omdat dit gild van geleerden beschikte over verstrekkende privileges op juridisch en fiscaal vlak. Veel meer dan nu betekende studeren aan de universiteit ook deel uitmaken van een goed gestructureerde *communitas*.

— Grote namen en ingrijpende omwentelingen

De Leuvense universiteit was vooral in de eerste twee eeuwen van haar bestaan erg succesvol. Al in de zestiende eeuw schatte men het aantal studenten op tweeduizend, een bijzonder hoog cijfer in die tijd. Tussen 1520 en 1625 werden er niet minder dan vierendertig nieuwe colleges als kosthuizen of internaten voor studenten gebouwd, naast de zeven colleges die al bestonden. Vooral het Busleydencollege, opgericht in 1520, zou heel belangrijk worden voor de faam van de universiteit. Hier werden in de geest van het humanisme en op advies van Erasmus kosteloos Latijn, Grieks en Hebreeuws onderwezen, wat het college de benaming *Collegium Trilingue* opleverde. Dit Drietalencollege werd een verzamelplaats van leergierige studenten, die met behulp van de klassieke talen in contact kwamen met de wetenschappelijke werken uit de oudheid. Grote namen als Andreas Vesalius, Gemma Frisius, Rembert Dodoens, Carolus Clusius en Mercator blijven met het *Trilingue* verbonden.

De zestiende eeuw was zonder twijfel de aanzienlijkste bloeiperiode van de Oude Universiteit. De Leuvense theologen speelden een vooraanstaande rol in de bestrijding van het lutheranisme en in de beraadslagingen op het Concilie van Trente. Maar ingrijpender was de zojuist vermelde invloed van het humanisme, sterk aangemoedigd door de herhaalde aanwezigheid van Erasmus in Leuven. Aan de medische faculteit vormden de humanisten een studiekring rond Frisius, die vooral de wiskundige wetenschappen als leidraad van zijn onderzoek nam. Hij inspireerde Mercator tot de productie van globes, kaarten en wiskundige instrumenten, die niet zozeer voor praktische doeleinden werden ontworpen, maar veeleer in het teken stonden van een religieuze kosmologische reflectie. Frisius was het ook die met de jonge Vesalius een lijk van het galgenveld de stad binnen smokkelde en dezelfde opvattingen deelde over de hervorming van de geneeskunde. Ook de heliocentrische theorie van Copernicus kon rekenen op de appreciatie van Frisius. Zelf verzorgde hij de editie van een populair boek over kosmografie, waarin hij de beginselen van de triangulatie en de lengtebepaling vastlegde. De wiskundige traditie van Frisius werd later voortgezet door zijn zoon Cornelius Gemma en een andere hoogleraar in de medicijnen, de wiskundige Adrianus Romanus.

De langdurige krijgsverrichtingen die de tweede helft van de zestiende eeuw tekenden, brachten de universiteit in grote moeilijkheden. Desondanks behield zij haar intellectuele kracht, onder invloed van spraakmakende auteurs als Justus Lipsius en Erycius Puteanus. De Visitatie van 1617, ingesteld door de aartshertogen Albrecht en Isabella, herstelde de orde aan de getroffen universiteit, maar betekende meteen ook een grotere inmenging van de burgerlijke overheid in de interne aangelegenheden. Deze Visitatie bleef als organiek reglement in wezen van kracht tot het einde van de achttiende eeuw.

Bij twee grote omwentelingen was de universiteit intussen van dichtbij betrokken. In 1640 publiceerde de theoloog Libertus Fromondus de *Augustinus* van de intussen overleden oud-hoogleraar Cornelius Jansenius. Het boek stelde de genadeleer van Augustinus, die al in de zestiende eeuw in Leuven was verdedigd en door Rome was veroordeeld, opnieuw aan de orde. De *Augustinus* lag aan de basis van het jansenisme, een religieuze beweging die de leerstellige discussie binnen de katholieke kerk voor langere tijd zou bepalen. Na hevige strijd werd de universiteit in 1729 door Rome gedwongen alle hoogleraren met jansenistische sympathieën uit haar academisch corps te verwijderen. Toch bleef de geest van het jansenisme onder de Leuvense professoren aanwezig.

Een tweede omwenteling werd in 1637 ingezet door René Descartes, die de natuurfilosofie een heel nieuwe wending gaf. In het cartesianisme werd de natuur als een mechanisch systeem beschouwd en werden alle verschijnselen (behalve de vrije wil van de mens) met behulp van de beweging van subtiele materie uitgelegd. Descartes ondervond sterke tegenstand van enkele Leuvense hoogleraren en van de theologische faculteit, maar zowel in de Artesfaculteit als aan de medische faculteit vonden zijn theorieën spoedig ingang. Arnold Geulincx, die uit onvrede naar Leiden uitweek, en de wiskundige-anatoom Gerard van Gutschoven droegen bij tot de verspreiding van de mechanistische natuurwetenschap. De Artesfaculteit hervormde in 1658 haar traditonele onderwijsprogramma om plaats in te ruimen voor de nieuwe theorieën. Tegelijk sloeg de faculteit door de aankoop van de eerste wetenschappelijke instrumenten de weg van de proefondervindelijke natuurwetenschap in.

Toch hield de universiteit vast aan haar eigen visie op onderwijs en opleiding. Terwijl op verschillende plaatsen, in het bijzonder in de Nederlandse Republiek, de wetenschappelijke vernieuwingen vrijuit werden besproken en de universiteiten kosten noch moeite spaarden om botanische tuinen, anatomische theaters of chemische laboratoria in te richten, was van dat alles in Leuven weinig te merken. Wel werd in 1685 – niet zonder tegenstand van de medische faculteit – een koninklijke leerstoel voor chemie ingesteld, maar het daarbij behorende laboratorium moest de hoogleraar zelf bekostigen. Was dat een teken van conservatisme? Het is juist dat de situatie van de universiteit weinig drastische vernieuwingen toeliet. Het aanhoudende oorlogsgeweld tijdens de laatste decennia van de zeventiende eeuw en de gespannen relatie met Rome en de machtige jezuïetenorde lieten de universiteit weinig bewegingsruimte om nieuwe wegen op te gaan.

— De universiteit hervormen

Maar misschien ontbraken vooral de middelen? Anders dan het door negentiende-eeuwse historici gepropageerde beeld suggereert, vertoonde de universiteit in de achttiende eeuw immers wel degelijk een constante aandrang tot hervorming. Nog vóór de Oostenrijkse autoriteiten in 1750 de universitaire privileges begonnen aan te vechten en acties ondernamen om het onderwijs aan de universiteit te moderniseren, had de universiteit reeds zelf aan haar programma's gesleuteld en voor nieuwe infrastructuur gezorgd. Aan de rechtsfaculteit was in 1723 een nieuwe leerstoel voor publiek recht ingesteld. In 1738 had de universiteitsbibliotheek op initiatief van de medisch hoogleraar Henricus Rega een geschikt onderkomen gevonden in een monumentale aanbouw van de Universiteitshal. In hetzelfde jaar begon Rega ook met de aanleg van een botanische tuin, waar in 1744 een achthoekig anatomisch theater werd opgetrokken. Rond dezelfde tijd richtte de Artesfaculteit een verzoek aan de regering te Brussel om een toelage te verkrijgen voor de aankoop van natuurkundige instrumenten. Het verzoek werd afgewezen.

Het ontbrak de universiteit dus niet aan initiatief. Precies die wens tot vernieuwing van het curriculum werd door de overheid in de tweede helft van de achttiende eeuw aangegrepen om een veel bredere hervorming door te voeren, die uiteindelijk tot doel had de universiteit aan banden te leggen. Alle universiteiten in het Habsburgse rijk dienden zich te schikken naar het model van de grondig hervormde universiteit van Wenen. In Leuven was men deze plannen, wat de modernisering van de leerinhouden en de daarmee gepaard gaande uitbreiding van de infrastructuur betrof, niet ongenegen. In de geest van de tijd ging de meeste aandacht naar de geneeskunde en de natuurwetenschappen. In de *Vicus* van de Artesfaculteit werd in 1755 op initiatief van de koninklijke commissaris Patrice-François de Nény een zogenaamde School voor Experimentele Fysica opgericht en een jaar later werd aan de medische 'campus' aan de Kapucienenvoer een scheikundig laboratorium toegevoegd. In 1759 werd een eigen academische drukkerij opgericht, een heuse universitaire pers die nog steeds bekend staat voor haar fraaie uitgaven.

De universiteit kon nu de vergelijking met de beste Europese universiteiten doorstaan. Het aantal studenten dat een licentie in de medicijnen behaalde, was in 1780 bijna vertienvoudigd in vergelijking met het begin van de eeuw. Ook de inhoud van het onderwijs weerspiegelde de internationale ontwikkelingen in de wetenschap. Nieuwe handboeken werden geïntroduceerd en wetenschappelijke vernieuwingen, zoals de chemische leer van Antoine-Laurent Lavoisier, sijpelden snel door in het onderwijs. Jan Pieter Minckelers ontdekte in 1783 het steenkoolgas, dat gebruikt werd voor het oplaten van luchtballonnen. Bij speciale gelegenheden wendde hij het gas ook aan voor de verlichting van de *Vicus*, een wereldprimeur. De chemicus Karel van Bochaute deed systematisch onderzoek naar de chemische affiniteiten en ontwierp een eigen nomenclatuur, die hij evenwel introk na de publicatie van de nomenclatuur door de Franse scheikundigen. Samen met zijn collega de anatoom Josse Vounck was hij lid van de Academie voor Wetenschappen en Letteren die door keizerin Maria Theresia was opgericht in 1772.

Met het aantreden van keizer Jozef II in 1780 werd de druk op de universiteit gevoelig opgevoerd. In 1788 werden de faculteiten van de kunsten (Artes), de rechten en de geneeskunde overgebracht naar Brussel en grondig hervormd. Hoewel deze maatregel door de Brabantse Omwenteling snel weer ongedaan werd gemaakt, waren de hervormingsgezinde professoren niet langer welkom in Leuven. De algemene politieke onrust, de inval van de Franse revolutionaire legers en de inlijving bij de Franse Republiek luidden het einde in van de Oude Universiteit. Met een paar pennehalen van het revolutionaire bewind werden in 1797 zowel de universiteit als de colleges afgeschaft.

— Een nieuwe start

Als onderdeel van de Franse Republiek hadden de ‘Belgische’ departementen geen eigen hoger onderwijs. Sommige Leuvense hoogleraren bleven privé studenten onderwijzen, anderen stapten over naar de Centrale Scholen. Pas na de vereniging met Nederland werd in Leuven, in 1816, opnieuw een universiteit opgericht, waarvan het organiek reglement bij koninklijk besluit was vastgelegd. De stad stelde de Universiteitshal en enkele colleges van de Oude Universiteit beschikbaar. De hoogleraren geneeskunde konden tevens gebruik maken van de klinische infrastructuur in het aloude stadsziekenhuis (het middeleeuwse Sint-Elisabethgasthuis, later het Sint-Pietersgasthuis) en de stedelijke kraaminrichting. De universiteit zelf zorgde voor de aanleg van een nieuwe *hortus* met een fraaie orangerie en de aankoop van wetenschappelijke verzamelingen voor de kabinetten van natuurkunde en natuurlijke historie.

De nieuwe Rijksuniversiteit zag zichzelf niet als de voortzetting van de Oude Universiteit. Bij de opening van de universiteit memoreerde rector Francis Joseph Harbaur wel de faam van de Oude Universiteit, maar hij wees ook op haar toegenomen verstarring en roemloos einde; het was een waarschuwing bij het nieuw te voeren beleid. De organisatie van de Rijksuniversiteit vertoonde trouwens weinig gelijkenissen met die van haar illustere voorganger. Vele hoogleraren moesten in het buitenland worden gerekruteerd. Slechts zeven professoren van de Oude Universiteit konden opnieuw aan de slag en zij speelden geen rol van betekenis meer. De Artesfaculteit was vervangen door twee faculteiten, respectievelijk voor Wis- en Natuurkunde en voor Letteren en Wijsbegeerte. Er was geen faculteit voor Theologie. De oprichting van staatswege van een Filosofisch College in 1825 zou de katholieke oppositie tegen het beleid van koning Willem I alleen maar versterken. De Rijksuniversiteit kon in haar korte bestaan op geen enkele manier het maatschappelijk aanzien verwerven dat de Oude Universiteit had bezeten. Toch behield Leuven een zekere aantrekkingskracht op de studerende jeugd, want het aantal studenten was er gemiddeld hoger dan in de Rijksuniversiteiten van Gent en Luik.

De Belgische onafhankelijkheid in 1830 zorgde voor een totale herschikking van het hoger onderwijs. Na vijf jaar onderhandelen werd besloten om de Leuvense rijksuniversiteit te sluiten.

Haar plaats werd onmiddellijk ingenomen door de Katholieke Universiteit die in 1834 in Mechelen door de Belgische bisschoppen was opgericht en naar Leuven werd overgebracht. De Katholieke Universiteit zag zichzelf als de erfgename van de Oude Universiteit, hoewel haar statuut en organisatie heel anders waren. Als vrije universiteit bezat zij (tot 1911) geen rechtspersoonlijkheid en kon zij ook niet rekenen op overheidssteun. De financiële middelen moesten uit collegegelden, collectes en vrije giften van de gelovigen worden gehaald. De bisschoppen droegen hun bestuurlijke macht nagenoeg volledig over aan de rector, die daardoor verstrekkende bevoegdheden kreeg. Dit maakte een energieker beleid mogelijk. De eerste rector, Pierre François Xavier de Ram, ijverde voor de restauratie van de oude universitaire tradities, waarbij de Theologie opnieuw voorrang kreeg op de andere faculteiten. De universiteit werd een opleidingsinstituut voor de vorming van katholieke elites, die in Leuven werden ondergedompeld in een streng-christelijke omgeving. Toch behoorde Leuven in de context van het katholiek reveil van de negentiende eeuw eerder tot het meer gematigde liberaal-katholieke kamp.

— Altijd maar meer gebouwen en instituten

In 1834 startte de Katholieke Universiteit met amper 86 studenten, maar dat aantal steeg snel. In 1871 werd de kaap van duizend studenten overschreden en al aan de vooravond van de Eerste Wereldoorlog bedroeg het aantal het dubbele. De materiële voorzieningen waren beperkt. De door de stad beschikbaar gestelde gebouwen stamden grotendeels uit de tijd van de Oude Universiteit: de Universiteitshal, het Pauscollege, het Heilige-Geestcollege, het Maria-Theresiacollege, het Koningscollege en het Premonstreitcollege. Daarbij kwamen nog het oude anatomisch theater, de *hortus* of Kruidtuin, de klinische voorzieningen in het stedelijke Sint-Pietersgasthuis en de 'kraamzaal'. Door de toename van het aantal studenten, de opening van de Speciale Scholen voor de ingenieursopleiding in 1864 en de door de wet van 1876 opgelegde verplichting om practica en laboratoria in te richten werd een uitbreiding van de gebouwen noodzakelijk.

In 1875 werd begonnen met de bouw van een nieuw anatomisch theater annex snijzaal, enkele jaren later gevolgd door de bouw van het Justus-Lipsiuscollege als pedagogie voor de studenten in de geneeskunde en de wetenschappen. Tijdens de volgende jaren wist de universiteit steeds meer gebouwen te verwerven. De laboratoria van de faculteit geneeskunde werden ondergebracht in het Rega-Instituut, het voormalig woonhuis van rector Alexandre Joseph Namèche. Jean-Baptiste Carnoy richtte een school voor celbiologie op in het oude Villerscollege. De geoloog Henri de Dorlodot bouwde met eigen middelen het Kolenmuseum en het Instituut voor Geologie. De instituten volgden elkaar nu snel op. Bacteriologie, elektrotechniek, medische pathologie, zoötechnie(k), scheikunde: ze kregen alle nieuwe instituten. Ook het onderwijs nam uitbreiding. In 1878 werd de Hogere Landbouwschool opgericht met de bedoeling om de katholieke invloed op het platteland te verstevigen. Nog voor het einde van de negentiende eeuw werd een School voor Politieke en Sociale Wetenschappen geopend, en een School voor Handels- en Consulaire Wetenschapen.

Een bijzondere stichting was het Hoger Instituut voor Wijsbegeerte, dat in 1889 tot stand kwam door een persoonlijk initiatief van paus Leo XIII, uitgewerkt door de latere kardinaal Désiré Mercier. De opdracht van het Instituut bestond erin om het thomisme een nieuw elan te geven, met name in directe confrontatie met inzichten uit de moderne natuurwetenschappen. Het instituut riep zowel binnen als buiten de universiteit heel wat tegenstand op. Een conflict tussen Mercier en rector Jan Baptist Abbeloos leidde tot het ontslag van die laatste. De vernieuwing van de katholieke wijsgerige traditie werd onder meer tot uitdrukking gebracht in het belang dat Mercier hechtte aan de nieuwe experimentele psychologie, die door zijn leerling Albert Michotte in de schoot van het Hoger Instituut werd ontwikkeld.

— Laboratoriumwetenschap

Het was voor de negentiende-eeuwse universiteit niet gemakkelijk zich te onderscheiden op wetenschappelijk gebied. Geleerdheid werd nog vaak gelijkgesteld met encyclopedische kennis, terwijl wetenschappelijk onderzoek diende te gebeuren in de marge van de onderwijstaak – en vaak op eigen kosten. Tekenend is de loopbaan van Theodor Schwann, de grondlegger van de celtheorie, die door De Ram in 1839 naar Leuven was gehaald. Schwann doceerde verschillende vakken aan de medische faculteit en kwam niet meer aan onderzoek toe. In 1849 ruilde hij Leuven voor Luik, waar de materiële werkomstandigheden beter waren. Eén van de weinige Leuvense hoogleraren die wél een rol in de internationale wetenschap speelden, was Pierre Joseph van Beneden. Van Beneden werd beroemd door zijn onderzoek naar de verschillende levensstadia van parasitaire wormen. In 1843 richtte hij met eigen middelen een marien laboratorium in te Oostende, het eerste in zijn soort. In Leuven zorgde Van Beneden voor een indrukwekkende zoölogische collectie, die nog steeds de basis vormt van het huidige Museum voor Dierkunde.

Vanaf de jaren 1860 werd hoe langer hoe meer het model van de Duitse universiteiten als ideaal naar voren geschoven. Zowel in de geestes- en gedragswetenschappen (met de organisatie van zogenaamde seminaries) als in de natuurwetenschappen (de laboratoriumopleiding), de geneeskunde (de klinische opleidingen) en de toegepaste wetenschappen (de nauwe band met de industrie, met bezoeken aan bedrijven en bouwplaatsen) werden Duitse voorbeelden aangehaald om het onderwijs te vernieuwen. Eén van de pioniers te Leuven was Louis Henry, die uit Duitsland terugkeerde met een plan voor een complete hervorming van het onderwijs. Van primordiaal belang was de specialisatie, laboratoriumwerk en origineel onderzoek. Deze voorstellen werden geleidelijk in praktijk gebracht, maar pas door de wet van 1890 volledig verwezenlijkt. De ontwikkeling van laboratoria was vaak verbonden met specifieke onderzoekprogramma's. Het Cytologisch Instituut van Carnoy ontstond uit de noodzaak om studenten een degelijke opleiding in de microscopie te geven, maar groeide uit tot een befaamd instituut voor het onderzoek van de cel vanuit anatomisch, chemisch en fysiologisch perspectief. Het was één van de eerste voorbeelden in Leuven van een nieuw type wetenschapsbeoefening, dat vorm kreeg in en om het laboratorium. Eén van Carnoy's leerlingen, Frans Alfons Janssens, bestudeerde de celdeling tijdens de voortplanting en ontdekte dat tijdens de meiose twee homologe chromosomenhelften elkaar kunnen naderen en daarbij kleine stukjes materiaal kunnen uitwisselen. Janssens noemde dit 'chiasmatypie', wat tegenwoordig 'overkruising' heet. Ander belangwekkend onderzoek werd verricht door de landbouwkundige Leopold Frateur in verband met de mendeliaanse erfelijkheidsfactoren.

De Eerste Wereldoorlog trof de universiteit erg zwaar. Vooral de verwoesting van de Universiteitshal, waarin zich de kostbare bibliotheek bevond, was een ware ramp. Toch wist de universiteit zich vrij snel te herstellen. Al tijdens de oorlog was begonnen met de bouw van een gloednieuw en hypermodern Instituut voor Fysiologie. Na de oorlog werd niet alleen gewerkt aan de wederopbouw – de restauratie van de Universiteitshal en de bouw van een nieuwe universiteitsbibliotheek – maar werden radicaal nieuwe wegen ingeslagen door de ontwikkeling van een medische campus met een eigen universitair ziekenhuis en ook door de bouw van de Speciale Scholen voor ingenieurs en het Landbouwinstituut in het park om het Arenbergkasteel. Op dit landgoed kwam naar Amerikaans model een groene campus tot stand. De universiteit zette hiermee haar eerste schreden buiten de stad. Het aantal studenten nam intussen verder toe, van ruim drieduizend in 1919 tot bijna vijfduizend aan de vooravond van de Tweede Wereldoorlog. Vanaf 1920 werden ook meisjesstudenten toegelaten, maar hun aantal bleef in 1940 nog beperkt tot 10% van de universitaire bevolking.

— Een ondernemende geest

Het interbellum was een moeilijke tijd voor de Belgische wetenschap. De financiële middelen waren beperkt, de banden met de Duitse wetenschap waren door de naoorlogse boycot doorgesneden en de roep om de vernederlandsing van het hoger onderwijs verdeelde de academische gemeenschap. In 1920 ontvingen de Belgische universiteiten een grote financiële bijdrage na de liquidatie van de door Herbert Hoover geleide Commission for Relief in Belgium. Tegelijk werden de Universitaire Stichting en de Belgian American Educational Foundation opgericht om de wetenschappelijke samenwerking te bevorderen en academici uit te wisselen. Daarmee kregen jonge Belgische onderzoekers de gelegenheid om aan een Amerikaanse universiteit hun opleiding te voltooien. In 1928 werd op initiatief van koning Albert het Nationaal Fonds voor Wetenschappelijk Onderzoek in het leven geroepen. Deze instelling moest op de eerste plaats het wetenschappelijk onderzoek oriënteren naar economische toepassingen ter ondersteuning van de Belgische economie. In werkelijkheid heeft het Fonds vóór de Tweede Wereldoorlog nauwelijks bijgedragen tot industriële innovatie, maar heeft het wel de Belgische wetenschap voorzien van de noodzakelijke financiële middelen. In deze veranderende context nam het onderzoek een nieuwe richting. Van academici werd verwacht dat zij meer dan voordien internationale ervaring zouden opdoen en dat zij in staat waren financiering voor onderzoeksprojecten te vinden. Het onderzoek werd geprofessionaliseerd.

Het wetenschappelijk prestige van de Leuvense universiteit werd erdoor vergroot. Het werk van bijvoorbeeld Georges Lemaître getuigde van een nieuwe ondernemingszin. Met een beurs van de Belgian American Educational Foundation trok deze jonge priester in 1923 naar Cambridge, waar hij college bij Arthur Eddington en Ernest Rutherford liep. De volgende twee jaar maakte Lemaître een rondreis door Canada en de Verenigde Staten, waar hij zowat alle belangrijke sterrenwachten bezocht. Hij ontmoette er Edwin Hubble, de ontdekker van de eerste objecten buiten onze melkweg en van de uitdijing van het heelal. In 1925 werd Lemaître benoemd te Leuven. Zijn onderwijs was door de chaotische manier van lesgeven berucht. Maar als onderzoeker kreeg

Lemaître wél waardering. In 1927 publiceerde hij zijn visie op het uitdijend heelal. Lemaître stelde zich het allereerste begin voor als een 'atome primitif' dat door een *big bang* uit elkaar was gespat. Het leverde hem internationale erkenning op. De revolutionaire kwantummechanica werd naar Leuven gehaald in de figuur van Charles Manneback, die in de jaren 1930 bij Niels Bohr in Kopenhagen en Enrico Fermi in Rome had gewerkt. Het onderzoek, dat evolueerde van moleculaire spectroscopie naar kernfysica, leidde in 1948 tot de bouw van de eerste Belgische cyclotron in het park om het Arenbergkasteel.

Het tempo van verandering nam nog verder toe na de Tweede Wereldoorlog. Het wetenschappelijk onderzoek vereiste steeds grotere sommen om de nodige materiële middelen te kunnen aanschaffen. Mede door de specialisatie van het onderzoek viel ook het Leuvense academisch corps uiteen in talrijke wetenschappelijke eenheden, die soms niet meer waren dan baronieën van één enkele hoogleraar. Dit maakte een reorganisatie van de universiteit noodzakelijk. Daarbovenop staken de tegenstellingen tussen de beide taalgemeenschappen steeds sterker de kop op. De vernederlandsing van de universiteit die in de jaren 1930 was ingezet, had een eigen Nederlandstalige academische gemeenschap in het leven geroepen. Die vond steeds minder aansluiting bij het Franstalige 'establishment'. Het nieuwe organiek reglement van 1962 kwam gedeeltelijk aan deze verzuchtingen tegemoet. Het beperkte de invloed van de bisschoppen op het bestuur van de universiteit en het bekrachtigde de autonomie van de twee taalstelsels. Dit was echter maar een voorlopige oplossing. In 1968 werd besloten tot een volledige splitsing van de universiteit in twee autonome instellingen. De Franstalige universiteit verhuisde naar een nieuwe campus aan de overkant van de taalgrens in Waals-Brabant: Louvain-la-Neuve.

— Een wereld in verandering

De Nederlandstalige K.U.Leuven stond na 1968 vooral op wetenschappelijk vlak voor een grote uitdaging. Haar onderzoekspotentieel was minder ontwikkeld dan die van de Franstalige zusterinstelling en de snelle expansie van het onderwijs leidde soms tot de aanwerving van docenten die minder gekwalificeerd of minder gemotiveerd waren voor het onderzoek. De reorganisatie van de universiteit was het werk van de nieuwe rector Pieter de Somer. Hij 'vertegenwoordigde,' zo is in een recente geschiedenis van de universiteit vastgesteld, 'een nieuwe generatie hoogleraren, Vlaams, gesecculariseerd, onderzoeksgericht en ervan overtuigd dat de universiteit "een grote zaak" geworden was, die "niet meer kon geleid worden als een pensionaat of een kollege"'. De Somer leidde 'zijn' universiteit naar groepsgewijs onderzoek en internationale samenwerking, een tendens die door de latere rectoren werd versterkt en onder meer aanleiding gaf tot een doelgericht valorisatiebeleid voor het onderzoek. Door de grote financiële middelen die voor het biomedisch en exact wetenschappelijk onderzoek dienden te worden voorzien, traden die wetenschapsgebieden nog meer uitgesproken op de voorgrond. De geestes- en gedragswetenschappen konden zich soms moeilijk een plaats in dit geheel verwerven. De gevoelens van onvrede daarover vertaalden zich in een expliciet verzet tegen een opgedrongen wetenschapsideaal dat niet de realiteit van het onderzoek in alfa- en gammadisciplines kon weergeven. Anderen legden de nadruk op het cruciale belang van culturele vorming en kritische reflectie in een omgeving die in toenemende mate als een kennisfabriek werd bestempeld.

De Leuvense universiteit is in haar eeuwenlange geschiedenis verschillende malen grondig van karakter veranderd. Van een academische leergemeenschap van studenten en hoogleraren evolueerde zij naar een opleidingsinstituut dat beantwoordt aan de concrete noden van de samenleving, en een *research university* waarin de individuele vrijheid van de academicus ondergeschikt is gemaakt aan de managementvereisten van de instelling. Steeds was de universiteit de spiegel van de veranderende wereld om haar heen, en in belangrijke mate heeft zij zelf bijgedragen tot dat proces van verandering. De geschiedenis van de universiteit is niet het repositorium van een voorbije evolutie. In elke gedaante leert de universiteit zichzelf beter kennen, waardoor zij met dieper inzicht kan verder bouwen aan haar identiteit.

Geert Vanpaemel

From *studium generale* to research university

Nearly six centuries after the establishment of a *studium generale* in Leuven, the traces of that first foundation have not yet been completely effaced. The rector's office is still housed in the University Hall, the former Drapers' Hall that was made partly available by the civic authorities in 1432. The eighteenth-century portico of the *Vicus*, the Arts Faculty building, has been incorporated into the new entrance area of Museum M. Countless residential colleges, most of which have been reintegrated in the modern university infrastructure, recall the many generations of students who studied here before the French Revolution put an end to what is now referred to as the 'Old University'. The characteristic buildings, which during the two previous centuries had been regarded as more of a burden than a blessing, now contribute to a new historical consciousness in the academic community. That consciousness is not at odds with the dynamism that today's university needs: rather, it gives it weight and strength.

The modern university no longer derives its identity from the Old University, but its long history explicitly presents the special position of Leuven's university within its societal context through a succession of tableaux. All the same, the historical culture must be treated with caution. Although the university, both in the past and today, has always been a safe haven for scientific study and critical debate, the goal and method of the sciences have changed considerably over the centuries. The purposes of Gerard Mercator's cartography were completely different from those of a contemporary geographer in his or her research. The university's social embeddedness must also be understood in the correct historical perspective in every phase of its history. Its relationship with the secular and ecclesiastical authorities was a changeable one. The relationship with Rome varied from unconditional loyalty to critical distance. In the sixteenth century, Leuven was regarded as the cradle of the Counter-Reformation, but in the seventeenth century it was seen as a hotbed of Jansenism. The university was particularly jealous of its autonomy, and sometimes played prince and church off against each other. In the nineteenth century, an activist university enthusiastically contributed to the construction of the 'pillarised' – ideologically segmented – society, although tensions with Rome's authority sometimes ran high during the same period. Such complexity is an inherent feature of an institution of this scope, but makes it hard for the historian to achieve a balanced assessment. To a significant degree, any reconstruction of history is a reflection of today's world.

In the history of science, the universities were for a long time regarded as recalcitrant bastions of conservatism. The intellectual renewal sometimes referred to as the 'Scientific Revolution' was held to have originated outside the academy in the seventeenth century, and in fact as a reaction against university science. The introduction of modern natural science at the universities was a troublesome process, and lagged decades behind. That picture has now been modified.

New historical research has shown that universities did in fact contribute to the Republic of Letters and that they were not blind to the changing world around them. Even so, the image of the Old University of Leuven is heavily coloured by the conservative interpretation of earlier historians. In both the eighteenth and nineteenth centuries, it was accused of obscurantism and opposition to the ideas of the Enlightenment. This view was even adopted by Leuven's university historians, although they related these things to the precarious political and economic circumstances that had imperilled the peace and prosperity of the university and the academic community for many years.

It is, of course, misleading to judge the Old University by the standards of a more modern age. The mission of the *studium generale* that was established in 1425 by a papal bull of Pope Martin V cannot simply be described as teaching or research in the modern sense. Centuries ago, studying at university was essentially an entree into an elite world of scholarship. The new student began his studies at one of the four *paedagogia* (teaching institutes) of the Arts Faculty, where for two years he attended classes in logic, natural philosophy and metaphysics. After that, he could enrol at one of the higher faculties: theology, law or medicine. Not all students completed their studies, but those who did generally stayed in Leuven for five to nine years, enough time to master the academic way of reasoning and lifestyle. During that time, contact between students and professors was very intense. The academic community formed a close-knit group, partly because this guild of scholars enjoyed far-reaching legal and fiscal privileges. Much more than is the case today, studying at university also meant belonging to a well-structured *communitas*.

— Great names and major revolutions

The University of Leuven was highly successful, particularly in the first two centuries of its existence. By the sixteenth century, the number of students was already estimated at two thousand, an unusually high figure for the time. Between 1520 and 1625, no fewer than thirty-four new colleges were built as boarding houses or accommodation for students, in addition to the seven colleges that already existed. Busleyden College, founded in 1520, was to be particularly important for the fame of the university. There, free instruction was given in Latin, Greek and Hebrew, in the spirit of humanism and on the advice of Erasmus, earning the institution the name *Collegium Trilingue*. This trilingual college became a gathering-place for knowledge-hungry students, who came into contact through the classical languages with the scientific works of antiquity. Great names such as Andreas Vesalius, Gemma Frisius, Rembert Dodoens, Carolus Clusius and Mercator are associated to this day with the *Trilingue*.

Without a doubt, the sixteenth century was the heyday of the Old University. Leuven's theologians played a leading role in combating Lutheranism and in the deliberations at the Council of Trent. Even more significant, though, was the influence of humanism to which we have just referred, and which was greatly encouraged by the repeated presence of Erasmus in Leuven. At the Medical Faculty, the humanists formed a study circle around Frisius, whose research was particularly based around the mathematical sciences. He inspired Mercator to produce globes, maps and mathematical instruments, which were not particularly designed for practical purposes: rather, they were intended as a contribution to cosmological reflection of a religious nature. It was also Frisius who smuggled a corpse from the gallows-field into the city with the young Vesalius, and who shared the latter's ideas about reforming medicine. Copernicus' heliocentric theory was also greeted with enthusiasm by Frisius. In his popular book on cosmography, he set out the principles of triangulation and the determination of longitude. The mathematical tradition of Frisius was later continued by his son, Cornelius Gemma, and another professor of medicine, the mathematician Adrianus Romanus.

The long-drawn-out military campaigns that characterised the second half of the sixteenth century caused the university grave difficulties. Nevertheless, it maintained its intellectual strength, thanks to prominent scholars such as Justus Lipsius and Erycius Puteanus. The *Visitatio* of 1617 established by the archdukes Albert and Isabella restored order to the hard-hit university, but also meant greater interference by the civil authorities in its internal affairs. This *Visitatio* remained essentially in force until the late eighteenth century as institutional regulations.

Meanwhile, the university was closely involved in two major revolutions. In 1640, the theologian Libertus Fromondus published the *Augustinus* by the former professor Cornelius Jansenius, by then deceased. The book put Augustine's doctrine of grace, which had already been championed in Leuven in the sixteenth century and had been denounced by Rome, back on the agenda. The *Augustinus* lay at the foundations of Jansenism, a religious movement which was to set the terms of doctrinal debate within the Catholic Church for a long time. After fierce conflict, the university was forced by Rome in 1729 to expel all professors with Jansenist sympathies. Even so, the spirit of Jansenism remained alive among Leuven's professors.

A second revolution was instigated in 1637 by René Descartes, who gave natural philosophy a whole new direction. In Cartesianism, nature was regarded as a mechanical system, and all phenomena (apart from human free will) were explained with reference to the movement of subtle matter. Descartes met with strong opposition from a number of Leuven professors and the Faculty of Theology, but his theories found rapid acceptance in both the Arts Faculty and the Medical Faculty. Arnold Geulincx, whose discontent caused him to leave for Leiden, and the mathematician and anatomist Gerard van Gutschoven helped spread the mechanistic natural science. In 1658, the Arts Faculty reformed its traditional educational curriculum in order to accommodate the new theories. By purchasing its first scientific instruments, the faculty also embarked upon the course of experimental natural science.

However, the university stuck to its own vision of education and teaching. In various places, and in particular the Dutch Republic, the scientific innovations were openly discussed, and universities spared neither expense nor trouble in establishing botanical gardens, anatomy theatres or chemical laboratories; there was little of all this to be seen in Leuven. A royal chair for chemistry was established in 1685 – not without resistance from the Medical Faculty – but the professor had to pay for the associated laboratory himself. Was this a sign of conservatism? It is true that the university's situation did not really permit drastic innovations. The persistent war conditions during the final decades of the seventeenth century and the tense relationship with Rome and the powerful Jesuit order left the university with little opportunity to travel down new paths.

— Reforming the university

Perhaps, though, the main problem was a lack of funds? Contrary to the picture propagated by nineteenth-century historians, in the eighteenth century the university displayed a constant urge to reform. Even before the Austrian authorities in 1750 began to challenge the university's privileges and take action to modernise teaching there, the university had already made some changes to its curricula itself and introduced new facilities. At the Law Faculty, a new chair of public law was established in 1723. In 1738, on the initiative of the professor of medicine Henricus Rega, the University Library found suitable accommodation in a monumental extension of the University Hall. In the same year, Rega also began to lay out a botanical garden, in which an octagonal anatomy theatre was erected in 1744. Around the same time, the Arts Faculty submitted a request to the government in Brussels for extra funds for the purchase of physics instruments. The request was turned down.

Thus the university was not lacking in initiative. It was precisely this desire to update the curriculum that was seized upon by the government in the second half of the eighteenth century to carry through far broader reforms, the ultimate goal of which was to bring the university under government control. All universities in the Habsburg Empire were required to conform to the model of the radically reformed University of Vienna. In Leuven, these plans, involving the modernisation of content and the associated extension of the infrastructure, were viewed with equanimity. In keeping with the spirit of the age, the greatest attention was paid to medicine and the natural sciences. On the initiative of the royal commissioner Patrice-François de Nény, a so-called School for Experimental Physics was established in the Arts Faculty's *Vicus* in 1755, and a year later a chemistry laboratory was added to the medical campus on Kapucienenvoer. In 1759, Leuven's own academic printing house was established, a proper university press that would become renowned for its fine publications.

The university could now stand comparison with the best European universities. The number of students gaining a degree in medicine in 1780 was nearly ten times as many as at the start of the century. Educational content also reflected international developments in science. New manuals were introduced and scientific innovations such as the chemical theory of Antoine-Laurent Lavoisier quickly found their way into the curriculum. Jan Pieter Minckelers discovered coal gas in 1783, which was used to inflate balloons. On special occasions, he also used the gas to light the *Vicus*, the first example of such lighting anywhere in the world. The chemist Karel van Bochaute conducted systematic research into the chemical affinities, and devised his own nomenclature, which, however, he withdrew after the publication by the French chemists of their nomenclature. Together with his colleague, the anatomist Josse Vounck, he was a member of the Academy for Science and Letters that was established by the Empress Maria-Theresa in 1772.

With the accession of Emperor Joseph II in 1780, the pressure on the university was noticeably intensified. In 1788, the Faculties of the Arts, Law and Medicine were moved to Brussels and drastically reformed. Although this measure was quickly reversed by the Brabant Revolution, the reform-minded professors were no longer welcome in Leuven. The general political unrest, the invasion of the French revolutionary armies and the incorporation into the French Republic ushered in the end of the Old University. With a few pen strokes of the revolutionary authorities, both the university and the colleges were abolished in 1797.

— A new start

As part of the French Republic, the 'Belgian' departments had no higher education facilities of their own. Some Leuven professors continued to teach students privately, while others moved to the Central Schools. Only after unification with the Netherlands was a university again established in Leuven, in 1816, its institutional regulations established by royal decree. The city made the University Hall and a number of colleges of the Old University available. The professors of medicine were also able to make use of the clinical facilities at the venerable civic hospital (the medieval St Elizabeth's hospital, which later became St Peter's hospital) and the civic maternity clinic. The university itself created a new *hortus* with a fine orangery and purchased scientific collections for the cabinets of physics and natural history.

The new State University did not regard itself as a continuation of the Old University. At the inauguration of the university, Rector Francis Joseph Harbaur recalled the Old University's fame, but also referred to its increasing ossification and its ignominious demise: a warning to be heeded in formulating policies for the new institution. Indeed, the State University's organisational structure displayed few similarities with that of its illustrious predecessor. Many of the professors had to be recruited abroad. Just seven professors from the Old University were able to resume their positions, and they no longer played a significant role. The Arts Faculty was replaced by two faculties: the Faculty of Mathematics and Physics and the Faculty of Literature and Philosophy. There was no Faculty of Theology. The establishment by the state of a College of Philosophy in 1825 only intensified Catholic opposition to the policies of King William I. During its brief existence, the State University was in no way able to acquire the social respectability that the Old University had possessed. Even so, Leuven undoubtedly had the power to attract young people: average student numbers were higher than at the State Universities of Ghent and Liège.

Belgian independence, in 1830, led to a total reorganisation of higher education. After five years of talks, it was decided to close the Leuven State University. Its place was immediately taken by the Catholic University, which was founded by the Belgian bishops in Mechelen in 1834 and moved to Leuven. The Catholic University saw itself as the heir to the Old University, although its statutes and structure were completely different. As a free university, it had no legal personality (until 1911), and could not rely on government support either. Funds had to be obtained from tuition fees, church collections and donations. The bishops transferred almost all of their administrative competence to the rector, who thus acquired extensive powers. This made a more dynamic policy possible. The first rector, Pierre François Xavier de Ram, was eager to restore the old university traditions, with Theology again taking precedence over the other faculties. The university became a training institute for the formation of Catholic elites, who were immersed in a strict Christian environment in Leuven, although in the context of the nineteenth-century Catholic revival Leuven really belonged to the more moderate liberal Catholic camp.

— Ever more buildings and institutes

The Catholic University started out in 1834 with just 86 students, but that number quickly increased. In 1871, the thousand-mark was passed, and the total on the eve of the First World War was twice that. Facilities were limited. Most of the buildings made available by the city dated back to the Old University period: the University Hall, Pope's College, Holy Spirit College, Maria-Theresa College, King's College and Premonstratensian College. In addition there were the old anatomy theatre, the *hortus* or Botanical Garden, the clinical facilities at the civic St Peter's Hospital and the 'maternity ward'. The increase in student numbers, the opening of the Special Schools for engineers in 1864 and the requirement to introduce practical exercises and laboratories imposed by the law of 1876 all made new buildings necessary.

In 1875, a start was made on the construction of a new anatomy theatre plus dissection room, and this was followed several years later by the construction of Justus-Lipsius College as a residential college for students of medicine and the sciences. During the years that followed, the university succeeded in acquiring ever more buildings. The laboratories of the Faculty of Medicine were housed in the Rega Institute, the former townhouse of Rector Alexandre Joseph Namèche. Jean-Baptiste Carnoy set up a school for cellular biology in the former Villers College. The geologist Henri de Dorlodot built the Coal Museum and the Institute for Geology out of his own funds. Institutes now followed in rapid succession. Bacteriology, electrical engineering, medical pathology, zootechnics and chemistry: all obtained new institutes. Teaching expanded too. In 1878, the Higher Agricultural School was founded with the intention of reinforcing the Catholic influence in the countryside. Before the nineteenth century was over, a School for Political and Social Sciences and a School for Commercial and Consular Sciences had been opened.

One special establishment was the Higher Institute for Philosophy, created in 1889 by a personal initiative of Pope Leo XIII which was put into practice by Désiré Mercier, later a cardinal. The Institute's role was to revitalise Thomism, especially in direct confrontation with insights from the modern natural sciences. The institute met with considerable opposition both inside and outside the university. A dispute between Mercier and Rector Jan Baptist Abbeloos led to the latter's dismissal. The renewal of the Catholic philosophical tradition was expressed among other things in the importance attached by Mercier to the new experimental psychology, which was developed by his pupil Albert Michotte at the Higher Institute.

— Laboratory science

It was not easy for the nineteenth-century university to achieve scientific distinction. Scholarship was still often equated with encyclopaedic knowledge, while scientific research was supposed to take place as a sideline to teaching – and often at the researcher's own expense. Characteristic here is the career of Theodor Schwann, the founder of cell theory, who was brought to Leuven by De Ram in 1839. Schwann taught various subjects at the Medical Faculty, and had no time left to perform any further research. In 1849, he left Leuven for Liège, where the material working conditions were better. One of the few Leuven professors of international significance in science was Pierre Joseph van Beneden. Van Beneden became famous for his research into the different life stages of parasitical worms. In 1843 he established a marine laboratory in Ostend at his own expense, the first of its kind. In Leuven, Van Beneden created an impressive zoological collection, which still forms the basis of today's Museum for Zoology.

From the 1860s onwards, the German universities were increasingly put forward as a model. In the humanities and the social sciences (with the organisation of so-called seminars), the natural sciences (laboratory training), medicine (clinical training) and the applied sciences (close links with industry, with visits to businesses and building sites), German examples were turned to for the renewal of education. One of the pioneers in Leuven was Louis Henry, who returned from Germany with a plan for comprehensive educational reform, central to which were specialisation, laboratory work and original research. These proposals were gradually put into practice, but only fully implemented by the law of 1890. The development of laboratories was often related to specific research programmes. Carnoy's Cytological Institute originated from the need to give students thorough training in microscopy, but grew to be a renowned institute for research into the cell from an anatomical, chemical and physiological perspective. It was one of the first examples in Leuven of a new type of scientific practice, which took shape in and around the laboratory. One of Carnoy's pupils, Frans Alfons Janssens, studied cell division during reproduction and discovered that during meiosis, two homologous chromosome halves are able to approach each other and exchange small fragments of material. Janssens called this 'chiasmatypy' – today it is known as 'crossing-over'. Interesting research was also carried out by the agronomist Leopold Frateur in connection with Mendelian heredity factors.

The First World War hit the university hard. The destruction of the University Hall, in which the precious library was located, was a disaster. Yet the university recovered fairly rapidly. Before the war was even over, a start had been made on the construction of a brand-new, hypermodern Institute for Physiology. After the war, an effort was put into reconstruction – the restoration of the University Hall and the construction of a new University Library – but radically new paths were also taken with the development of a medical campus with a university hospital and the construction of the Special Schools for engineers and the Agricultural Institute in the grounds of Arenberg Castle. On this estate, a green campus was developed on the American model. The university thus took its first steps outside the city. Meanwhile, student numbers continued to rise, from over three thousand in 1919 to nearly five thousand on the eve of the Second World War. From 1920, female students were also admitted, although their numbers in 1940 were still limited to 10% of the university population.

— A spirit of enterprise

The inter-war period was a difficult time for Belgian science. Funds were limited, ties with German science had been severed as a result of the post-war boycott and calls to introduce the use of Dutch in higher education divided the academic community. In 1920, the Belgian universities received a substantial financial contribution following the liquidation of the Commission for Relief in Belgium, run by Herbert Hoover. At the same time, the University Foundation and the

Belgian American Educational Foundation were established to promote scientific collaboration and academic exchanges. Young Belgian researchers thus gained the opportunity to complete their education at an American university. In 1928, on the initiative of King Albert, the National Fund for Scientific Research was set up. The primary purpose of this institution was to steer scientific research towards commercial applications so as to support the Belgian economy. In fact, the Fund scarcely contributed to industrial innovation before the Second World War, but it did provide Belgian science with the funds it needed. In this changing context, research took a new direction. Academics were expected, more than had previously been the case, to acquire international experience and to be able to find financing for research projects. Research was professionalised.

The scientific prestige of the University of Leuven was enhanced by this. The work of academics such as Georges Lemaître demonstrated a new spirit of enterprise. With a bursary from the Belgian American Educational Foundation, this young priest went to Cambridge in 1923, where he attended lectures by Arthur Eddington and Ernest Rutherford. During the next two years, Lemaître travelled around Canada and the United States, visiting virtually all the major observatories. There, he met Edwin Hubble, the discoverer of the first objects outside our Milky Way and of the expansion of the universe. In 1925, Lemaître secured an appointment at Leuven. His teaching was famously chaotic, but Lemaître gained a strong reputation as a researcher. In 1927, he published his views on the expanding universe. Lemaître imagined the very beginning as a 'primeval atom' that was exploded by the Big Bang. This brought him international recognition. The revolutionary quantum mechanics were brought to Leuven in the form of Charles Manneback, who had worked in the 1930s with Niels Bohr in Copenhagen and Enrico Fermi in Rome. His research, which evolved from molecular spectroscopy to nuclear physics, led in 1948 to the construction of the first Belgian cyclotron in the grounds of Arenberg Castle.

The pace of change increased even further after the Second World War. Scientific research required ever greater sums in order to purchase the necessary material resources. Partly due to the specialised nature of the research, Leuven's academic staff were also divided up into numerous scientific units, some of which were nothing more than the fiefdoms of a single professor. This necessitated a reorganisation of the university. In addition, the differences between the two linguistic communities became ever more apparent. The introduction of Dutch at the university, started in the 1930s, had created a separate Dutch-speaking academic community, which had less and less to do with the French-speaking 'establishment'. The new institutional regulations of 1962 went some way towards addressing these grievances, limiting the bishops' influence over the running of the university and confirming the autonomy of instruction in the two languages. However, this was only a temporary solution. In 1968, it was decided to completely split the university into two autonomous institutions. The French-speaking university moved to a new campus on the other side of the linguistic frontier in Walloon Brabant: Louvain-la-Neuve.

— A changing world

The Dutch-speaking institution, K.U.Leuven, faced a considerable challenge after 1968, particularly on the scientific front. Its research potential was less developed than that of the French-speaking sister institution, and the rapid expansion of teaching sometimes led to the recruitment of lecturers who were less qualified or motivated for conducting research. The university's reorganisation was the work of the new rector, Pieter de Somer. A recent history of the university concludes that he 'represented a new generation of professors, Flemish, secularised, research-oriented and convinced that the university had become "a great enterprise", which "could no longer be run like a boarding-school or a college"'. De Somer steered 'his' university into group-based research and international collaboration, a trend that was confirmed by later rectors and which among other things gave rise to a concerted valorisation policy for research. Because of the considerable financial resources that needed to be provided for biomedical and exact scientific research, these fields became even more prominent. At times it was difficult for the humanities and the social sciences to find their place in this context. Feelings of discontent were expressed in explicit opposition to an imposed scientific ideal that could not reflect the reality of research in humanities and social sciences disciplines. Others laid stress on the crucial importance of cultural training and critical reflection in an environment that was increasingly being characterised as a knowledge factory.

Leuven's university has undergone a number of fundamental changes of character in its centuries-long history. From an academic learning community of students and professors, it has evolved into an educational institute that responds to the concrete needs of society, and a research university in which the academic's individual freedom has been subordinated to the institution's management requirements. The university has invariably reflected the changing world around it, and to a significant degree it has contributed to that process of change. Its history is not just a repository of past developments. In every form it has assumed, the university has reached a better understanding of itself, enabling it to continue building its identity with deeper insight.

Geert Vanpaemel

De hedendaagse instelling: enkele feiten en cijfers

De foto's in dit boek getuigen van de lange geschiedenis die de Leuvense universiteit heeft doorlopen. Waartoe die geschiedenis de voorbije jaren heeft geleid, wordt wellicht door niets beter geïllustreerd dan door enkele feiten en cijfers; zij vatten de groei van de universiteit als het ware samen. Als mede-oprichter en lid van de League of European Research Universities (LERU) speelt de K.U.Leuven vandaag een centrale rol in het Europees hoger onderwijslandschap. Dat blijkt alleen al uit het aantal studenten: de Leuvense universitaire gemeenschap omvat afgerond 37 000 studenten, van wie meer dan 5000 internationale studenten. De toename van het aantal buitenlandse studenten is bovendien steil: de laatste vijf jaar kende de universiteit op dit vlak een jaarlijkse groeivoet van 15 tot 20 percent. De K.U.Leuven is ontegensprekelijk uitgegroeid tot een Europese speler, die met succes de kaart van de internationalisatie heeft getrokken.

Niet enkel Europees heeft de K.U.Leuven haar positie in het hoger onderwijs weten uit te bouwen. Sinds de vorming van de associaties in Vlaanderen is de Associatie K.U.Leuven prominent aanwezig in het Vlaamse hoger onderwijs. De associatie tussen de K.U.Leuven en twaalf Vlaamse hogescholen biedt 537 opleidingen van hoger onderwijs aan in Vlaanderen, of nog: zij verstrekt aan afgerond 85 000 studenten een kwaliteitsvolle opleiding. Het betreft 180 professionele opleidingen en meer dan 350 academische opleidingen (zowel op bachelor- als op masterniveau, verdeeld over de universiteit en de academische opleidingen aan de hogescholen). Om dit dag in dag uit waar te maken, stelt de K.U.Leuven zelf meer dan 9300 medewerkers tewerk, onder wie 1500 professoren. In 2010 bedroegen de bedrijfsopbrengsten van de K.U.Leuven 701 miljoen euro. Van deze 701 miljoen euro maakt de basisfinanciering van de Vlaamse overheid afgerond 40 % uit. De overige middelen worden op competitieve basis verworven, wat leidt tot een diverse portefeuille aan middelen die zowel via publieke onderzoeksfondsen (regionaal, nationaal en internationaal) als door samenwerking met de private sector zijn verkregen.

Academisch onderwijs kan uiteraard enkel gedijen in een omgeving waarin onderzoek centraal staat. Dit onderzoek is dan ook de centrale spil van de vele activiteiten van de K.U.Leuven, waarbij uitmuntendheid steeds de ambitie is. In 2010 werd aan de K.U.Leuven in totaal 347 miljoen euro uitgegeven aan onderzoek. Deze middelen werden verworven langs tal van kanalen en financiers, steeds door een positieve evaluatie van projectvoorstellen, die op basis van uitgebreide systemen van kwaliteitsevaluatie goed voor financiering werden bevonden.

De massale investeringen in onderzoek leiden uiteraard tot heel wat onderzoeksoutput. Zo publiceerden Leuvense onderzoekers in 2009 een totaal van 4338 internationale publicaties die werden opgenomen in de *Science Citation Index*, een van de belangrijkste en meest kwaliteitsvolle publicatiedatabanken ter wereld. De Leuvense publicaties die de voorbije tien jaren in de *Science Citation Index* verschenen, werden over die periode niet minder dan 466 307 keer geciteerd. Deze hoge citatiegraad toont aan dat het binnen de K.U.Leuven uitgevoerde onderzoek internationaal bekend, erkend en gebruikt wordt.

De *Science Citation Index* is geschikt voor het meten van de onderzoeksprestaties in de natuur-, de technische en de levenswetenschappen. Maar ook in de geestes- en de gedragswetenschappen is de Leuvense onderzoeksoutput aanzienlijk. De Vlaamse overheid creëerde recent het zogenaamde Vlaams Academisch Bibliografisch Bestand (VABB) voor deze wetenschappen. Daaruit bleek dat voor 2010 de K.U.Leuven 44,6% van alle publicaties in de humane en de sociale wetenschappen in Vlaanderen voor haar rekening nam. De hoge wetenschappelijke output, en de sterke visibiliteit ervan, gaat hand in hand met een hoge activiteit in de Leuvense doctoraatsopleidingen. Jaarlijks behalen momenteel een zeshonderdtal onderzoekers hun doctoraat aan de K.U.Leuven.

De onderzoeksactiviteit van de K.U.Leuven beperkt zich uiteraard niet tot Vlaanderen. In de verschillende Europese programma's is de universiteit prominent aanwezig. Voor wat betreft de deelname aan de Europese kaderprogramma's bevindt de K.U.Leuven zich in de Europese top tien. Bij de tussentijdse evaluatie van het lopende zevende kaderprogramma bereikte de K.U.Leuven eind 2010 de zesde plaats in Europa, met 218 deelnames en een onderzoeksfinanciering ten belope van 91 miljoen euro. Deze kaderprogramma's hebben een duidelijke innovatiefocus. Ook in de context van het fundamenteel Europees onderzoek is de K.U.Leuven duidelijk aanwezig, met gemiddeld een zevental ERC-*grants* per jaar. Deze door de European Research Council toegekende *grants* zijn een maatstaf voor absolute excellentie in fundamenteel onderzoek.

Een universiteit is echter geen ivoren toren. Dit is de reden waarom de K.U.Leuven ook de maatschappelijke dienstverlening hoog in het vaandel voert. Met Leuven Research & Development (LRD) speelt de K.U.Leuven voluit haar rol in de economische valorisatie van het in haar laboratoria uitgevoerde onderzoek. In het voorbije decennium kende die activiteit ongeveer een vertienvoudiging in volume. In 2010 werden door LRD 1384 onderzoekscontracten met de private sector afgesloten. De totale bedrijfsopbrengsten van LRD stegen in datzelfde jaar tot 150 miljoen euro, eveneens een vertienvoudiging op tien jaar tijd. Om dit alles te ondersteunen heeft LRD hard gewerkt aan de uitbouw van een octrooiportefeuille. Vandaag telt deze portefeuille 454 actieve octrooifamilies, waarvan 90% economisch geëxploiteerd wordt. Met 52 miljoen euro licentie-inkomsten uit intellectuele eigendom in 2010 speelt de K.U.Leuven mee in de top tien van de wereld, naast instellingen zoals Stanford en MIT.

In dezelfde lijn werd in de voorbije tien jaren ook heel wat aandacht besteed aan de genese en de ontwikkeling van *spin-off* bedrijven. Met een portefeuille van meer dan negentig *spin-off* bedrijven speelt de K.U.Leuven ook hier mee in de Europese top. Interessant hierbij is de enorme financiële hefboom die de laatste vijf jaar werd gecreëerd. Over die periode investeerde de K.U.Leuven afgerond 5 miljoen euro in haar *spin-off* portefeuille. In diezelfde periode werd door de bedrijven uit die portefeuille extern kapitaal aangetrokken ten belope van afgerond 500 miljoen euro, een multiplicator van 100 dus. Voor de regionale ontwikkeling van Leuven is dit een significante economische hefboom, goed voor enkele duizenden arbeidsplaatsen.

Ook de universitaire ziekenhuizen vervullen een cruciale rol in de maatschappelijke dienstverlening door de universiteit. Met meer dan 2000 bedden scharen zij zich bij de grootste van Europa. Met een bedrijfsopbrengst van afgerond 800 miljoen euro in 2010 betekenen ze ook een enorme kritische massa van patiëntenzorg en klinisch onderzoek in Vlaanderen. Met afgerond

900 nieuw opgestarte klinische *trials* in 2010 bijten de Leuvense ziekenhuizen bovendien de spits af van het translationeel biomedisch onderzoek in Vlaanderen en ver daarbuiten.

Het zijn feiten en cijfers die met een zekere trots vervullen. Tegelijkertijd tonen ze de afgelegde weg: de universiteit die in dit boek wordt afgebeeld, met haar oude colleges en voor die tijd nieuwe laboratoria, is een hoog-dynamische instelling geworden.

Koen Debackere

The contemporary institution: a few facts and figures

The photos in this book bear witness to the University of Leuven's long history. There is perhaps no better way to illustrate where that history has brought us over the years than with a few facts and figures: they encapsulate the university's growth, as it were. As a co-founder and member of the League of European Research Universities (LERU), K.U.Leuven today plays a central role in the European world of higher education. The student numbers alone make this clear: the Leuven university community consists of some 37,000 students, including more than 5,000 international students. Moreover, the number of foreign students has risen sharply: over the last five years, the university has experienced an annual growth rate of 15 to 20 percent in this respect. K.U.Leuven has undeniably developed into a European player which successfully internationalised its activities.

But it is not just at European level that K.U.Leuven has succeeded in developing its position in higher education. Since the formation of the associations for higher education in Flanders, the K.U.Leuven Association has been prominent in this field. The association between K.U.Leuven and twelve Flemish non-university colleges offers 537 different higher education programmes in Flanders, thus providing quality education to around 85,000 students. These programmes consist of 180 vocational programmes and over 350 academic programmes (at both bachelor's and master's level, and consisting of programmes at the university and academic programmes at the non-university colleges). In order to achieve this on a daily basis, K.U.Leuven itself employs more than 9,300 people, including 1,500 professors. In 2010, it had an operating income of € 701 million. The basic funding provided by the Flemish government represents around 40 % of this. The rest is obtained on a competitive basis, resulting in a diverse financing portfolio acquired via both public research funds (at regional, national and international level) and cooperation with the private sector.

Naturally, academic education can only thrive in an environment in which research is central. Research is therefore pivotal to the numerous activities in which K.U.Leuven engages, and the constant aspiration is to achieve excellence in that research. In 2010, a total of € 347 million was granted to K.U.Leuven for research. This funding was acquired via numerous channels and financiers, in all cases following a positive evaluation of project proposals, which were considered worthy of financing on the basis of detailed quality assessment systems.

Such large-scale investment in research generates a commensurate output. Thus in 2009, researchers from Leuven produced a total of 4,338 international publications that were included in the *Science Citation Index*, one of the most important and best publication databases in the world. The Leuven publications included in the *Science Citation Index* over the past ten years were cited no fewer than 466,307 times during that period. This high citation rate demonstrates that research carried out at K.U.Leuven is known, recognised and used internationally.

The *Science Citation Index* is used to measure research performance in the natural, technical and life sciences, but Leuven also has a substantial research output in the humanities and the social sciences. The Flemish government recently created the Flemish Academic Bibliographical Database (VABB) for these sciences. This showed that for 2010, K.U.Leuven accounted for 44.6% of all publications in the humanities and the social sciences in Flanders. This extensive and highly visible output in all scientific disciplines is accompanied by a high level of activity in Leuven's doctoral programmes. At present, some six hundred researchers gain their doctorate at K.U.Leuven every year.

K.U.Leuven's research activity is not confined to Flanders, of course. The university plays a prominent role in the various European programmes. In terms of participation in the European framework programmes, K.U.Leuven is in the European top ten. In the interim evaluation of the current Seventh Framework Programme, K.U.Leuven achieved the sixth place in Europe at the end of 2010, with 218 participations and research funding of € 91 million. These framework programmes have a clear innovation focus. K.U.Leuven also has a strong presence in the context of fundamental research in Europe, with an average of seven European Research Council grants per year. These grants allocated by the ERC are a measure of absolute excellence in fundamental research.

However, a university is not an ivory tower. This is why K.U.Leuven also attaches great importance to serving society. Via Leuven Research & Development (LRD), K.U.Leuven plays a highly active role in developing the economic potential of the research conducted in its laboratories. Over the past decade, the volume of this activity has increased around tenfold. In 2010, 1,384 research contracts with the private sector were concluded by LRD. Its total operating income grew in the same year to € 150 million, which also represents a tenfold increase in the space of ten years. In order to support all this, LRD has worked hard to develop a portfolio of patents. Today, this portfolio comprises 454 active patent families, 90% of which are commercialised. With licensing income from intellectual property of € 52 million in 2010, K.U.Leuven is among the top ten in the world, along with institutions such as Stanford and MIT.

In line with this, considerable attention has been paid over the past ten years to the creation and development of spin-off companies. With a portfolio of more than ninety such spin-offs, K.U.Leuven is among the leading European performers in this area too. One striking feature of this development is the enormous financial leverage that has been created in the last five years. Over this period, K.U.Leuven has invested around € 5 million in its spin-off portfolio. During the same period, external capital of around € 500 million has been attracted by the businesses in this portfolio: a factor of 100. For the regional development of Leuven, this is a significant economic lever, representing several thousand jobs.

The university's hospitals are also crucial to the social role played by the university. With more than 2,000 beds, they are among the largest in Europe. With an operating income of around € 800 million in 2010, they also represent an enormous critical mass of patient care and clinical research in Flanders. With around 900 newly started clinical trials in 2010, Leuven's hospitals are also blazing the trail in translational biomedical research in Flanders and much further afield.

These are facts and figures that give rise to a degree of pride. At the same time, they show how far we have come: the university that is depicted in this book, with its old colleges and – for their time – new laboratories, has become a highly dynamic institution.

Koen Debackere

De universiteit omstreeks 1900 in een fotoalbum

In het voorjaar van 2007 viel het Leuvense Universiteitsarchief een fraai geschenk te beurt: een omvangrijk fotoalbum over de universiteit. Het gaat om een uitzonderlijke collectie van gezichten op universiteitsgebouwen en hun interieur uit een niet eens zo ver verleden, toen fotografie nog vertaald werd als 'onveranderlijke lichtprenterij'. De achtenzeventig foto's zijn gemonteerd in een album dat in rood leder is ingebonden en dat het opschrift *Université Catholique de Louvain* draagt. Afgaande op de gaten in het achterplat was het album ooit vastgemaakt op een standaard zodat belangstellenden erin konden bladeren en een virtueel bezoek brengen aan de universiteit. Het geheel vormt ongetwijfeld een kostbare aanwinst voor de iconografische collectie van de universiteit en neemt in de zogeheten topografisch-historische atlas van het Universiteitsarchief een prominente plaats in.

De opnames, die van omstreeks 1900 dateren, zijn zo goed als zeker van de hand van de Leuvense fotograaf Edouard Morren (1867–1939). Een paar foto's kunnen rechtstreeks worden gerelateerd aan binnenaanzichten op een grote aquarel die het Hoger Instituut voor Wijsbegeerte voorstelt en die uit dezelfde tijd dateert. Van dezelfde fotograaf worden in het Universiteitsarchief nog een twintigtal foto's bewaard met gezichten van universiteitsgebouwen. Bij nader toezien gaat het om afdrukken op groot formaat van foto's in het album. Ze zijn op verzuurd karton geappliqueerd en verkeren alle in erg slechte staat. Bovendien hingen ze kennelijk onbeschermd in auditoria of trappenhuizen op. De gevolgen laten zich raden. De studenten veroorzaakten een ware snorrenepidemie en op de laboratoriumprenten doken genieën op (Einstein ...) en vreemdsoortige recipiënten zoals nachtspiegels, toen kennelijk even prominent aanwezig in slaapvertrekken als in de publieke verbeelding. En er zijn scabreuze en scatalogische graffiti en glossen met de gebruikelijke studentikoze commentaar ('auditoire aussi rempli que pour un cours de Lemaître' als onderschrift bij een foto van de Grote Aula, waarin geen levende ziel te bekennen valt).

Fotograaf Morren was gespecialiseerd in groepsfoto's en portretten van kinderen, maar ook in gezichten op gebouwen en landschappen en in technische hoogstandjes als nachtelijke opnames bij kunstlicht. Zijn speciale belangstelling gold paarden en equipages, wat hem een heel eigen klandizie opleverde. Morren voerde dan ook trots de titel van hoffotograaf van het doorluchtige huis van Arenberg. Tevens kon hij zich met recht en reden de huisfotograaf van de universiteit noemen. Zijn zaak was trouwens gevestigd pal tegenover de Universiteitshal. Toen die in augustus 1914 samen met elfhonderd andere panden in de as werd gelegd, trok Morren meteen een noodonderkomen op, een barak met een serreachtige uitbouw met bovenlicht, waarin hij zijn studio installeerde en zijn beroepsactiviteit verder kon uitoefenen. Ondanks de oorlogsschade ging het hem kennelijk voor de wind. Tegen het einde van de oorlog was hij binnen; hij ging het interbellum in als rentenier.

— Binnenstebuiten

In het album komen de meest uiteenlopende onderwerpen aan bod zodat uiteindelijk een fraaie *tour d'horizon* ontstaat van de universiteit rond de eeuwwisseling. Met de buitenkant van de alma mater zijn we redelijk vertrouwd. Naar de binnenkant hadden we meestal het raden. Voor de negentiende eeuw waren historici tot nog toe aangewezen op een reportage die in 1896 en 1897 in afleveringen in *Le Patriote illustré* verscheen en die verlucht was met treffende tekeningen van Franz Gailliard. Fotograaf Morren heeft ons een grote dienst bewezen door zijn statief bij voorkeur binnenskamers op te stellen en de lens te richten op het interieur. Het leeuwendeel van zijn opnames zijn binnenaanzichten. De universiteit wordt letterlijk binnenstebuiten gekeerd. Onder dat oogpunt is de collectie echt een openbaring en verdient het album in zijn geheel, welhaast als een soort facsimile, te worden uitgegeven. Een oblong formaat zoals bij het oorspronkelijke album leek alvast aangewezen. De foto's op de rechterpagina worden op de linkerpagina van commentaar voorzien. Veel aandacht gaat daarbij uit naar inrichting en uitrusting, naar de *realia* in de voorstelling met een poging tot identificatie van voorwerpen en figuranten, apparaten en preparaten. Aandacht dus voor het sprekende detail maar ook voor op het eerste gezicht verwaarloosbare kleinigheden, het *punctum* à la Barthes. De hierna opgenomen stadsplattegrond met aanduiding van de verschillende locaties kan dienstig zijn voor wie minder vertrouwd is met de ligging van de universiteitsgebouwen in de Leuvense binnenstad. Onnodig te zeggen dat de universiteit omstreeks 1900 nog nagenoeg geheel Franstalig was (op één practicum na met pleitoefeningen voor strafrecht en afgezien van de colleges Nederlandse taal- en letterkunde). Dat Frans was wellicht al een vooruitgang ten opzichte van het Latijn dat in Leuven tot 1835 de officieel voorgeschreven voertaal was. Hoe dan ook, de oorspronkelijke Franse bijschriften in het album werden hier gehandhaafd, ter wille van de tijdsgeest en de *couleur locale*.

Sommige van de getoonde binnenaanzichten zijn werkelijk een revelatie. Opzienbarend is bijvoorbeeld de inrichting van de Universiteitshal, die door de brand van augustus 1914 geheel verloren ging en waarvan we ons tot nog toe maar een erg fragmentarisch beeld konden vormen. In het album zijn compleet onbekende opnames aanwezig van het kabinet van de rector en de kamer van de Academische Senaat op de begane grond en vooral van de grote bibliotheekzalen op de eerste verdieping van de Hal aan de kant van de Naamsestraat. Professorenportretten vullen de leeszaal van de plint tot het plafond en ook in de Pronkzaal verdringen de knappe koppen elkaar, allemaal academisch erfgoed dat grotendeels in vlammen opging, samen met de driehonderdduizend boekdelen die het gebouw lijken te overwoekeren.

Maar er zijn ook de buiten- en binnenopnamen van de Kruidtuin, de oude *hortus* uit de tijd van de Leuvense Rijksuniversiteit onder het Verenigd Koninkrijk der Nederlanden, die omstreeks 1900 nog volop door de universiteit werd gebruikt. Er zijn de gezichten op gebouwen die op het moment van de opname nog gloednieuw waren: het Hoger Instituut voor Wijsbegeerte en het Leo XIII-Seminarie (1893–1899), het laboratorium in het Vesaliusinstituut, waarin de neuroloog Arthur van Gehuchten zijn baanbrekend onderzoek verrichtte (1897), de Kraaminrichting aan de Frederik Lintsstraat (uit 1897) en een nieuwe vleugel van het Justus-Lipsiuscollege (uit 1899). De nieuwbouw uit de belle époque met laboratoria voor bacteriologie, elektrotechniek, pathologie en scheikunde ontbreken echter ten enenmale. Het Bacteriologisch Instituut met zijn gevel in zogenaamde Florentijnse stijl (van architect Alexandre van Arenbergh) was al ingewijd met Lichtmis 1899. We krijgen enkel de achterin gelegen stallingen bij het Kolveniershof te zien. Het Elektromechanisch Instituut van architect Vincent Lenertz aan de Vlamingenstraat (tegenwoordig de Vlerick Management School) werd in gebruik genomen tijdens het academisch jaar 1899–1900. De afwezigheid van deze moderne gebouwen geeft aan dat de opnames heel precies kunnen worden gesitueerd kort vóór 1900. Het album kwam als het ware tot stand op het breukvlak van twee eeuwen, toen de verwetenschappelijking van het academisch onderwijs zich al had voltrokken maar nog geen adequate vertaling had gevonden in de ruimtelijke ontwikkeling van de universiteit.

— Hoge vlucht

Op dat eigenste moment constateerde Louis Casartelli, gewezen Leuvens hoogleraar en even later bisschop van Salford, in het gezaghebbende Britse katholieke weekblad *The Tablet* dat Leuven in 1899 een eeuw verder stond dan het Leuven van 1874, met name op het vlak van wetenschappelijke kwaliteit. De Katholieke Universiteit was in het leven geroepen als *pépinière* voor de katholieke elite in het nieuwe koninkrijk. Beroepsvorming stond centraal, niet wetenschapsbeoefening. Onderzoek dat niet meteen nuttig was voor het onderwijs had lange tijd onder druk gestaan, zeker als de betrokken hoogleraar ook nog plezier leek te scheppen in zijn werk. Een *amanuensis* of laboratoriumknecht diende de hoogleraar in alle geval uit eigen zak te betalen. In de jaren 1870 hield de rector zelf nog nauwlettend de gasmeter in de gaten en hij dreigde wel eens de gasrekening door te sturen naar Mechelen, waar de verzamelde bisschoppen zich toentertijd ook bogen over de kwaliteit (en de kostprijs) van het tafelbier in de Leuvense colleges.

Het dreigement getuigde niet zozeer van zuinigheid als wel van onbegrip ten aanzien van fundamenteel onderzoek, en van kortzichtigheid in verband met de algemene maatschappelijke inbedding van de Leuvense universiteit net op het moment dat de levensbeschouwelijke tegenstellingen aan het verharden waren. Ook vanuit apologetisch standpunt kon de universiteit zich op den duur niet beperken tot louter kennisoverdracht. Behalve in professionele vorming moest ze zelf in wetenschappelijk onderzoek voorzien. Een katholieke universiteit mocht daarin zeker niet ten achter blijven want dan zou ze voor haar onderwijsinhoud ten slotte helemaal aangewezen zijn op de onderzoeksresultaten van haar tegenstanders. Het kwam er dus op aan zelf haar licht te laten schijnen.

Het licht betrok de universiteit overigens uit het oosten: *ex oriente lux*. Dat gold letterlijk voor de nieuwe discipline van de oriëntalistiek, die zich uit de schaduw van de theologie wist op te werken en wetenschappelijk voor een lichtpunt zorgde. Het waren met name oosterse filologen zoals Charles de Harlez en die andere Leuvense oriëntalist, de al geciteerde Casartelli, die aan de basis lagen van de emancipatie van de geesteswetenschappen. De oriëntatie op het oosten nam nog andere vormen aan. Natuurlijk baadde Leuven in de Franse cultuursfeer, van waaruit de universiteit in de eerste helft van de negentiende eeuw verfrissende impulsen – het liberale katholicisme van Félicité de Lamennais – had ontvangen. In het laatste kwart van de eeuw, toen na het aantreden van paus Leo XIII in 1878 het ultramontanisme terrein verloor, kwam er meer ruimte dan ooit voor origineel wetenschappelijk onderzoek en daar gold Duitsland in alle vakgebieden als het lichtende voorbeeld.

De universiteit had al een tijdje professoren gerekruteerd die in Duitsland waren geschoold, zoals de scheikundige Louis Henry, de bioloog Jean-Baptiste Carnoy en de medicus Gustaaf Verriest. Zij knutselden in Leuven heuse laboratoria in elkaar en initieerden studenten in het proefondervindelijk onderzoek door ze achter een microscoop neer te zetten. Ze galvaniseerden het hele universitaire bedrijf. De rol van Henry kan bezwaarlijk worden overschat. Hij was de aanjager van specialisatie en differentiatie in het wetenschappelijk onderwijs (wiskunde, natuurkunde, scheikunde, plantkunde, dierkunde, aard- en delfstofkunde, aardrijkskunde) met invoering van practica en proefschriften op basis van oorspronkelijk onderzoek, 'de kip met de gouden eieren' van het wetenschappelijk onderwijs. Zijn inzichten werden in 1876 en 1890 gesanctioneerd door nieuwe wetten op het hoger onderwijs. Onder zijn impuls was in Leuven het laboratorium al geruime tijd de draaischijf voor onderzoek én onderwijs.

Eveneens naar Duits model werden in de Letteren (en in de Godgeleerdheid) practica – filologische of historische seminaries – ingevoerd. Hier trad de historicus Alfred Cauchie als gangmaker op. In 1900 rolde de eerste jaargang van zijn roemruchte *Revue d'Histoire ecclésiastique* van de persen. De universiteitsbibliotheek, die als een soort museum was uitgemonsterd, moest in die context node als werkplaats worden heringericht. In het pas opgerichte Hoger Instituut voor Wijsbegeerte joeg Désiré Mercier zijn studenten desnoods in soutane het laboratorium in teneinde de aankomende geestelijkheid met de moderne wetenschap in aanraking te brengen; deze jonge filosofen belichaamden het scholastieke ideaal van het geloof dat inzicht zoekt (*fides quaerens intellectum*). Met de middeleeuwen als dekmantel bewerkte het Instituut aldus een katholiek intellectueel reveil in radicale confrontatie met de moderniteit. Het spanningsveld tussen geloof en wetenschap was best een mijnenveld. Tegenstellingen die hogelijk werden gearticuleerd, konden een existentiële draagwijdte krijgen die wij nauwelijks nog kunnen inschatten: een crucifix in een laboratorium ontlokt nu hooguit een ironische commentaar.

— Nooddruft

Lange tijd had de academische overheid maar weinig passie betoond voor vernieuwend onderzoek en al helemaal geen begrip opgebracht voor de materiële noden van de wetenschap. De universiteit zelf bezat geen vastgoed en bewoog zich niet op die markt. Daar hadden de liberalen voor gezorgd; die waren nog steeds beducht voor 'de dode hand'. Uit het oogpunt van onroerend goed zat de situatie muurvast en daar zou maar laat verandering intreden, in 1911 toen de universiteit rechtspersoonlijkheid verwierf en na de Eerste Wereldoorlog toen ze ook rijkssubsidies kon binnenrijven. Zuinigheid met vlijt bouwt huizen als kastelen, maar een paleis als het Gentse Plateau-complex met zijn functionele werkplaatsen voor wetenschap en techniek en zijn visuele representatie van het vooruitgangsideaal zal men in Leuven tevergeefs zoeken. De Leuvense wetenschappers nestelden zich in de spleten en kieren van onnut erfgoed en in de oksel van eeuwenoude panden. Met betrekking tot het scheikundig laboratorium van Henry gewaagde rector Paulin Ladeuze van een wrat die gefokt werd op een vleugel van het Pauscollege. Het zou duren tot het aantreden van rector Adolphe Hebbelynck in 1899 voor er beterschap intrad. Hebbelynck was een telg uit een notarissengeslacht en voldoende *salonfähig* om in gegoede kringen in Vlaanderen deuren en portefeuilles te openen. Zo lang moest de nieuwe wetenschap in Leuven genoegen nemen met restruimtes uit het ancien régime. Maar dat waren dan ook weer niet de gebouwen zonder kraak of smaak die in de jaren zestig van de twintigste eeuw ten tijde van de universitaire expansie als paddenstoelen uit de grond rezen.

Het album stelt ons alvast in staat een rondgang te maken langs de toenmalige universiteitsgebouwen. Als we sommige tijdgenoten mogen geloven, verloopt de tocht langs hellekeukens en alchemistenkrochten. Maar er is ook een neutralere typologie mogelijk: auditoria (rechtsgeleerdheid, scheikunde, dierkunde, burgerlijke bouwkunde), bibliotheken (filosofie, biologie), musea (natuurkunde, dierkunde), laboratoria (scheikunde, natuurkunde, biologie, farmacie, bacteriologie), tekenzalen en snijzalen, ze passeren allemaal de revue, mitsgaders de universitaire apotheek, de broeikassen in de kruidtuin en een brouwerij en een melkhuis in het Landbouwinstituut. Overal woekeren wandplaten en schaalmodellen. Alles lijkt toegespitst op aanschouwelijk en proefondervindelijk onderwijs, en op een tactiele omgang met de leerstof zoals in de snijzaal, die met haar kale inrichting een bepaald sinistere aanblik biedt. De universiteit lijkt omstreeks 1900 arm maar proper, geheel conform de preoccupatie met hygiëne die volgens een bekend adagium aan de basis moest liggen van alle wetten en die de hele samenleving als wetenschap, wereldbeeld én levensbeschouwing leek te doordesemen.

Opvallend op de foto's is ook de schamelheid van vele van deze wetenschappelijke inrichtingen. In en rond de oude colleges zijn zalen en kamertjes uitgerust met armtierig meubilair, pompen en potkachels, spaarzame gasverlichting, één enkel elektrisch peertje. Overal overheersen strengheid en hardheid. Zitplaatsen zijn genummerd om in één oogopslag absenties te kunnen opnemen en men zal er geen zitvlees kweken. Enkele auditoria hebben gradinen in grenen- of vurenhout, zoals die even later in de vroege twintigste eeuw algemeen in zwang zouden komen. In het Anatomisch Theater van Joris Helleputte verlopen die zelfs vervaarlijk steil. Het modernste meubel dat we in het album (op foto 67) aantreffen, is de weinig comfortabele Thonetstoel, de bekende Weense caféstoel; dat is dan ook niet voor niets het meest verkochte zitmeubel ter wereld, een typisch industrieel massaproduct en een icoon van de negentiende eeuw.

De aankoop van uitrusting viel nu eenmaal ten laste van de gewone begroting en de universiteit leek bepaald niet in weelde te baden. Het was gewoon krot en compagnie. Als bijzondere instelling voor hoger onderwijs was ze in de negentiende eeuw afhankelijk van collegegelden en collectes en van de luimen van bisschoppen en begunstigers. In schrille tegenstelling met de situatie in de volle negentiende eeuw staat op de foto's de rijkdom van de wetenschappelijke collecties die nog uit de tijd van de Rijksuniversiteit onder het Verenigd Koninkrijk dateerden: de toestellen en instrumenten in het Kabinet voor Natuurkunde in het Premonstreitcollege en de zoölogische collectie in het Kabinet voor Natuurlijke Historie in het Koningscollege (waar de Leuvenaars krachtens een overeenkomst uit 1835 met de kermis gratis toegang toe hadden). Van dit academisch erfgoed lijkt nog maar bitter weinig te zijn overgebleven.

Beeldbepalend zijn de laboratoria. Ze nemen precies een derde van het album voor hun rekening. Dit zijn in elk geval de echte *lieux de savoir*, waar de in materieel opzicht nooddruftige universiteit intellectueel boven zichzelf kon uitstijgen. Ze illustreren de hoge vlucht die het wetenschappelijk onderzoek aan de universiteit op het einde van de negentiende eeuw nam. Vanzelfsprekend mocht in het album het oude Villerscollege niet ontbreken. Dat was het eerste college dat de universiteit, na de verliezen van de Oude Universiteit ten tijde van de Franse Revolutie, weer in volle eigendom kon verwerven, met fondsen die Carnoy en Verriest wisten bijeen te harken. Carnoy zou er geheel op eigen kosten zijn laboratorium voor celbiologie inrichten, het eerste in zijn soort. Dit instituut, dat naderhand naar hem werd genoemd, is in het album vertegenwoordigd met niet minder dan vijf beelden van zalen voor microscopisch onderzoek. Hier werd de basis gelegd voor de ontwikkeling van de microbiologie tot ver in de twintigste eeuw en voor de Leuvense successen (van Nobelprijswinnaar Christian de Duve en rector Pieter de Somer) op dat terrein.

— Figuranten

De universiteit als sociale institutie valt grotendeels buiten het gezichtsveld van dit album. Decor en decorum komen er nauwelijks aan te pas. Het is in dit verband opmerkelijk dat er geen binnenaanzicht is opgenomen van de toenmalige Promotiezaal. We vangen er hoogstens een glimp van op via een inkijk uit een belendend lokaal. In de Hal blijkt voorts koning Leopold I rond te waren. Of althans zijn borstbeeld dat ook al aanwezig was in de Grote Aula bij de opening van het eerste academisch jaar in Leuven in 1835, op een pedestal onder een enorm baldakijn, zoals voorgesteld door de bekende historieschilder Lambert Mathieu op een doek dat in 1914 eveneens in rook zou opgaan. Op een vorige foto (14) is de buste nog in de tegenoverliggende zaal, het voormalige auditorium voor kerkelijk recht te zien. Beschikt de stichter van de monarchie over de gave van bilocatie? Of heeft de fotograaf hem net even verhuisd, de vorst als *repoussoir*? Er is geen gezichtsbedrog mee gemoeid, het gaat wel degelijk om verschillende zalen. De vorst plaatst de vorser voor een raadsel en laat de beschouwer in verwarring achter.

Verder is er geen noemenswaardige figuratie. Alhoewel, er zijn de prachtige Brabantse volbloeden op de binnenplaats van het bacteriologisch instituut, en de paardenknechten, en her en der in de laboratoria een student strak in het pak, of met opgestroopte hemdsmouwen als een slagersgast, een tikkeltje arrogant tegen een snijtafel geleund. Niets is echter aan het toeval overgelaten. De fotograaf kon niet zomaar ergens binnenvallen en onverhoeds zijn statief opstellen om een kiekje te schieten. Hier is bijgevolg geen sprake van *snapshots*, maar integendeel van een zorgvuldige mise-en-scène. Voor de gelegenheid is alles uit de kast gehaald (kijk maar naar de foto's 35 en 41). Alle aandacht gaat daarbij naar inrichting en uitrusting ten behoeve van de kerntaken van de universiteit, onderwijs en onderzoek. De universiteit wordt in de eerste plaats voorgesteld als een stimulerende omgeving voor kennisverwerving en kennisoverdracht.

Als hekkensluiter dient een binnenaanzicht van de Brouwerijschool, niet geheel ontoepasselijk in een stad waar de reuk van mout en bier nooit van de lucht is. Om met Hella Haasse te spreken: eeuwenlang bier morsen laat een hardnekkige geur achter. Het bierlaboratorium oogt evenwel verlaten, de petrischaaltjes op de voorgrond wachten op nader onderzoek, studenten en assistenten zijn er onderuit gemuisd, misschien een verwijzing naar dat andere aspect van het academische leven: de integratie van drankverbruik en kennisverwerving in een intellectuele subcultuur die zich geheel en al buiten het laboratorium afspeelt. *Die alte Burschenherrlichkeit* zeg maar, want net als het wetenschappelijk onderzoek stond ook het studentikoze leven sterk onder invloed van de oosterburen. Sterker nog, het waren vaak de jonge Leuvense geleerden die in Duitsland gingen studeren – bollebozen zoals de latere kanunnik Armand Thiéry bijvoorbeeld – die bij hun terugkeer, vervuld van het Duitse wetenschapsideaal, in één moeite door aan de Leuvense universiteit de Duitse studentenromantiek introduceerden. In het album blijft die buiten beeld. Maar met de evergreen *Gaudeamus igitur* in de achtergrond klinkt deze inleiding toch nog als een feestelijke academische ouverture.

Mark Derez

De zaak van fotograaf Edouard Morren tijdens de Eerste Wereldoorlog

Photographer Edouard Morren's shop during the First World War

The university around 1900 in a photograph album

In spring 2007, the Leuven University Archive received a fine gift: an extensive photograph album of the university. The album contains an exceptional collection of views of university buildings and their interiors from a not so distant past, when photography was still regarded as 'immutable light imprinting'. The seventy-eight photographs are mounted in an album bound in red leather and bearing the inscription *Université Catholique de Louvain*. To judge from the holes in the back cover, the album was at one time secured to a stand, so that anyone who was interested could browse through it and take a virtual tour of the university. The album certainly represents a valuable addition to the university's iconographic collection, and has assumed a prominent place in the University Archive's so-called topographical-historical atlas.

The photographs, which date from around 1900, are almost certainly by the Leuven photographer Edouard Morren (1867–1939). A couple of photographs can be directly related to interior views on a large watercolour that depicts the Higher Institute for Philosophy and that dates from the same period. Another twenty or so photographs by the same photographer are preserved in the University Archive, showing views of university buildings. On closer inspection, they turn out to be large-format prints of photographs in the album. They are glued to acid cardboard, and are all in a very poor state of preservation. Moreover, they had apparently been hung in auditoria or stairwells without any protection. The consequences can be imagined: the students were responsible for a veritable epidemic of moustaches, and the laboratory pictures were embellished with drawings of Einstein-like geniuses and strange receptacles such as chamber-pots, at that time apparently a prominent feature of both bedrooms and the public imagination. There are also lewd and scatological graffiti and glosses with the usual student comments ('auditorium as packed as for one of Lemaître's lectures' is the caption added to a photograph of the Great Auditorium in which there is not a soul to be seen).

Photographer Morren specialised in group photographs and portraits of children, but also in views of buildings and landscapes and in technical feats such as night-time shots taken in artificial light. His real interest was in horses and carriages, which brought him a special clientele of his own, and he proudly bore the title of court photographer to the illustrious house of Arenberg. He could also fairly describe himself as the university's in-house photographer. His shop, incidentally, was just across the road from the University Hall. When it was reduced to ashes in August 1914 along with eleven hundred other properties, Morren immediately erected emergency premises: a hut with a glasshouse-like extension with a roof lantern in which he installed his studio and was able to carry on plying his trade. Despite the war damage, he clearly prospered. By the end of the war his fortune was made; he spent the period between the two wars as a rentier.

— Inside-out

The album covers a great range of subjects, ultimately offering a fine *tour d'horizon* of the university around the turn of the century. We are reasonably familiar with the alma mater's exterior. What the interior was like has generally been a matter of guesswork. For the nineteenth century, historians have hitherto relied on a report published in instalments in *Le Patriote illustré* in 1896 and 1897, featuring striking drawings by Franz Gailliard. Photographer Morren did us a great service by opting to set up his tripod inside and directing his lens at interiors. The lion's share of his photographs are interior views. The university is literally turned inside-out. This makes the collection a true revelation, and the album deserves to be published in its entirety, virtually as a kind of facsimile. An oblong format resembling that of the original album seemed advisable. The photographs on the right-hand pages are provided with commentary on the left-hand page. Considerable attention is paid in the commentary to fixtures and fittings, to the depicted *realia*, and an attempt is made to identify objects and people, apparatus and preparations. Thus we look for the telling detail, but also for what at first sight seem to be negligible trivialities, what Roland Barthes terms the *punctum*. The city map reproduced below, showing the various locations, may be useful for anyone who is less familiar with the position of the university buildings in Leuven city centre. Needless to say, around 1900 the university was still virtually entirely French-speaking (apart from one seminar in which criminal court pleadings were practised, and lectures in Dutch language and literature). Arguably, though, French was an improvement on Latin, which until 1835 was the officially prescribed language of instruction in Leuven. However, the original French captions in the album have been kept here, in the spirit of the times and for the sake of *couleur locale*.

Some of the interiors depicted are a real revelation. One spectacular example is the layout of the University Hall, which was completely lost in the fire of August 1914 and of which we were previously only able to form a very fragmentary picture. The album includes wholly unfamiliar views of the rector's office and the chamber of the Academic Senate on the ground floor, and above all of the great library rooms on the first floor of the Hall on the Naamsestraat side. Professors' portraits fill the reading room walls from skirting-board to ceiling, and the great minds jostle for space in the State Room. Much of this academic heritage went up in flames, together with the three hundred thousand books that seem to overrun the building.

But there are also the exterior and interior views of the Botanical Garden, the old *hortus* from the time of the Leuven State University of the United Kingdom of the Netherlands, which was still being actively used by the university around 1900. There are the views of buildings which were still brand-new at the time of photographing: the Higher Institute for Philosophy and the Leo XIII Seminary (1893–1899), the laboratory in the Vesalius Institute, where the neurologist Arthur van Gehuchten carried out his pioneering research (1897), the Obstetric Clinic on Frederik Lintsstraat (from 1897) and a new wing of Justus-Lipsius College (from 1899). On the other hand, the new buildings from the *Belle Epoque*, with laboratories for bacteriology, electrical engineering, pathology and chemistry, are completely absent. The Bacteriological Institute with its façade in what was described as 'Florentine style' (by architect Alexandre van Arenbergh) had already been inaugurated on Candlemas 1899. All that we get to see are the stables situated to the rear, in Kolveniershof. The Electrical Engineering Institute designed by architect Vincent Lenertz on Vlamingenstraat (now the Vlerick Management School) was brought into use during the academic year 1899–1900. The absence of these modern buildings indicates that the photographs can be situated with great precision shortly before 1900. The album was created, as it were, on the cusp between two centuries, when the scientific transformation in university education had already taken place, but had yet to be expressed appropriately in the university's spatial development.

— Taking off

At that very moment, it was observed by Louis Casartelli, a former Leuven professor and soon to be Bishop of Salford, in the influential British Catholic weekly paper *The Tablet* that the Leuven of 1899 was a century further on than the Leuven of 1874, particularly in terms of scientific quality. The Catholic University had been created as a seedbed for the Catholic elite in the new kingdom. Vocational training was central, not academic exercises. Research that was not of immediate relevance to education had for a long time been under pressure, particularly if the professor concerned actually seemed to enjoy his work. In any case, an *amanuensis* or laboratory boy had to be paid for by the professor out of his own pocket. In the 1870s, the rector himself still kept a close eye on the gas meter, and occasionally threatened to pass on a gas bill to Mechelen, where the assembled bishops in those days even examined the quality (and cost) of the beer served in the Leuven colleges.

This threat indicated not so much thriftiness as a lack of understanding of fundamental research, and short-sightedness with regard to the general social embeddedness of the University of Leuven precisely at a time when ideological oppositions were becoming more deeply entrenched. From an apologetic standpoint too, the university could not indefinitely confine itself to the mere transfer of knowledge. As well as vocational training, it also needed to support scientific research itself. A Catholic university certainly could not afford to lag behind in this respect, because if it did it would ultimately become completely reliant for its teaching materials on the research findings of its ideological adversaries. Thus it was a matter of letting its light shine.

The university's light came, incidentally, from the East: *ex oriente lux*. Literally so in the case of the new discipline of oriental studies, which managed to emerge from the shadow of theology and provide a scientific ray of hope. It was especially oriental philologists such as Charles de Harlez and that other Leuven orientalist, Casartelli, who has already been quoted, who lay behind the emancipation of the humanities. The eastward gaze assumed other forms, too. Naturally, Leuven was immersed in the French cultural sphere, from which the university had received invigorating impulses during the first half of the nineteenth century – the liberal Catholicism of Félicité de Lamennais. In the last quarter of the century, however, when ultramontanism lost ground after the accession of Pope Leo XIII in 1878, there was more opportunity than ever for original scientific research, and for that Germany was regarded as the shining example in all fields.

The university had been recruiting professors who had been trained in Germany for some time already, such as the chemist Louis Henry, the biologist Jean-Baptiste Carnoy and the physician Gustaaf Verriest. They rigged up proper laboratories in Leuven and initiated students into experimental research by getting them behind a microscope. They galvanised the whole university enterprise. Henry's role can scarcely be overestimated. He was the driving force behind specialisation and differentiation in scientific education (mathematics, physics, chemistry, botany, zoology, geology and mineralogy, geography), with the introduction of practicals and dissertations based on original research, 'the goose that laid the golden eggs' of scientific education. His views were officially endorsed in 1876 and 1890 in the form of new laws on higher education. At his instigation, the laboratory had for some time already been the hub of both research and teaching in Leuven.

Again on the German model, practicals – philological or historical seminars – were introduced in literature (and in theology). Here, the historian Alfred Cauchie led the way. The first issue of his famous *Revue d'Histoire ecclésiastique* rolled off the press in 1900. The University Library, which was furnished like a kind of museum, had to be reorganised in this context – in the teeth of resistance – as a workplace. In the recently established Higher Institute for Philosophy, Désiré Mercier sent his students into the laboratory, cassock-clad if necessary, in order to bring the future cleric into contact with modern science; these young philosophers embodied the scholastic ideal of faith that seeks understanding (*fides quaerens intellectum*). Using the Middle Ages as its ostensible justification, the Institute thus brought about a Catholic intellectual awakening in a radical confrontation with modernity. The field of tension between faith and science might best be described as a minefield. Antitheses were openly articulated whose range now almost surpasses our comprehension: a crucifix in a laboratory nowadays elicits an ironic comment at most.

— Abject poverty

For a long time, the academic authorities had shown little enthusiasm for innovative research, and no understanding whatsoever for the material needs of science. The university itself owned no property and had no dealings on the property market. This had been ensured by the liberals, who were still apprehensive of legalising the bequeathing of legacies to church institutions. In terms of real estate, the situation was set in stone, and change would only occur in this respect at a late stage, in 1911, when the university acquired legal personality, and after the First World War, when it was also able to obtain national subsidies. Much can be achieved with thriftiness, but in Leuven one will seek in vain a palace like Ghent's Plateau complex, with its functional workshops for science and technology and its visual representation of the ideal of progress. Leuven's scientists set up shop in the nooks and crannies of unused property and in the most insalubrious corners of ageing premises. Rector Paulin Ladeuze likened Henry's chemistry laboratory to a wart that was being cultivated on a wing of Pope's College. It was not until the accession of Rector Adolphe Hebbelynck in 1899 that the situation improved. Hebbelynck was the scion of a family of notaries, and sufficiently *salonfähig* to open doors and wallets in affluent circles in Flanders. Until then, the new science had to make do in Leuven with left-over spaces from the *ancien régime*. On the other hand, they were not the utterly tasteless buildings that sprouted forth in the era of university expansion in the 1960s.

The album enables us to take a tour of the university buildings of that time. If we were to take the word of some of those alive at the time, that tour would take us through hell's kitchens and alchemists' caves. But a more neutral typology is also possible: auditoria (jurisprudence, chemistry, zoology, civil engineering), libraries (philosophy, biology), museums (physics, zoology), laboratories (chemistry, physics, biology, pharmacy, bacteriology), drawing studios and dissection rooms – all of these are on the itinerary, along with the university pharmacy, the glasshouses in the Botanical Garden and a brewery and dairy in the Agricultural Institute. There are wall charts and scale models everywhere. Everything appears to be focused on education based on visual aids and experimentation, and on a hands-on approach to the subject matter, for instance in the dissection room which with its meagre furnishings has a rather sinister appearance. The university around 1900 seems poor but clean, fully in line with the preoccupation with hygiene, the 'foundation for all laws' and which seemed to run through the whole of society as science, world view and ideology.

Another striking feature of the photographs is the shabbiness of many of these scientific set-ups. In and around the old colleges are rooms equipped with paltry furniture, pumps and stoves, economical gas lighting, a single electric light bulb. Strictness and severity prevail. Seating is numbered so that absences can be recorded at a glance, and is not designed for the cultivation of *Sitzfleisch*. Several auditoria have tiers of seats made of pine or deal of the sort that would become fashionable a short while later, in the early twentieth century. In Joris Helleputte's Anatomy Theatre, these descend with alarming steepness. The most modern furniture that we come across in the album (in photograph 67), is the uncomfortable Thonet seat – the well-known Viennese café seat; not for nothing was it the best-selling seating in the world, a typical industrial mass product and an icon of the nineteenth century.

The purchase of equipment simply came out of the general budget, and the university seemed determined not to live in the lap of luxury. Underfunding was a fact of life. As a special institute of higher education, the university was dependent in the nineteenth century on tuition fees and church collections and on the whims of bishops and patrons. In stark contrast with the situation in the mid-nineteenth century in the photographs is the richness of the scientific collections that still dated from the period of the State University under the United Kingdom of the Netherlands: the devices and instruments in the Cabinet for Physics in the Premonstratensian College and the zoological collection in the Cabinet for Natural History in King's College (to which the people of Leuven had free access during the period of the annual carnival, under an agreement from 1835). Precious little seems to have survived of this academic heritage.

The laboratories are vital elements of the picture. They account for exactly one-third of the album. They are the true *lieux de savoir*, where the university, though materially extremely poor, is able to excel intellectually. They illustrate how scientific research took off at the university at the end of the nineteenth century. Naturally, the old Villers College could not be omitted from the album. After the losses incurred by the Old University during the French Revolutionary period, it was the first college that the university was able to fully reacquire, with funds scraped together by Carnoy and Verriest. Carnoy would establish his laboratory for cellular biology there, the first of its kind, entirely at his own expense. This institute, which was subsequently named after him, is represented in the album by no fewer than five pictures of rooms for microscopic research. It was here that the foundations were laid for the development of microbiology until well into the twentieth century and for Leuven's successes (on the part of Nobel Laureate Christian de Duve and Rector Pieter de Somer) in that field.

— People

The university as a social institution falls largely outside the scope of the album. Décor and decorum scarcely get a look-in. It is striking in this connection that no interior view of the then Graduation Hall is included. We get no more than a glimpse of it, thanks to a view from an adjoining room. Moreover, King Leopold I turns out to be present in the Hall – or at any rate his bust, which was also present in the Great Auditorium at the opening of the first academic year in Leuven in 1835, on a pedestal under an enormous canopy, as depicted by the famous historical painter Lambert Mathieu in a painting that also went up in smoke in 1914. In a previous photograph (14), the bust can still be seen in the opposite hall, the former auditorium for ecclesiastical law. Does the founder of the Belgian monarchy have the knack of being in two places simultaneously? Or had the photographer just moved him, thus turning the ruler into a compositional element, a *repoussoir*? There is no optical illusion here – the pictures really do show different rooms. The ruler presents the researcher with a riddle and leaves the viewer confused.

Apart from that, there are no figures of particular note, although there are the beautiful Brabant thoroughbreds in the courtyard of the bacteriological institute, and the grooms, and here and there in the laboratories a student stiffly clad in a suit, or with shirt sleeves rolled up like a butcher's boy, leaning a trifle arrogantly against a dissection table. However, nothing has been left to chance. The photographer could not simply walk into a room and set up his tripod unexpectedly in order to take a picture. These photographs are not snapshots, but carefully composed scenes. All the stops have been pulled out for the occasion (just take a look at photographs 35 and 41). Full attention is paid to fixtures and fittings relating to the university's core tasks of education and research. The university is presented in the first place as a stimulating environment for the acquisition and transfer of knowledge.

Bringing up the rear is an interior view of the Brewing School, not entirely inappropriate in a city where the air is never free from the whiff of malt and beer. As the writer Hella Haasse put it, centuries of spilled beer leave behind a lingering smell. However, the beer laboratory looks abandoned, the Petri dishes in the foreground await closer investigation, and students and assistants have sloped off. Perhaps this is an allusion to that other aspect of academic life: the integration of alcohol consumption with knowledge acquisition in an intellectual subculture that is enacted entirely outside the laboratory. One might aptly quote the nostalgic German song about *Die alte Burschenherrlichkeit* ('the good old days of camaraderie'), because like scientific research, student life was also very much under the influence of Belgium's neighbours to the east. What is more, it was often the young Leuven scholars who had gone to study in Germany – formidable intellects like the later Canon Armand Thiéry, for example – who on their return, imbued with the German scientific ideal, also introduced German student romanticism to the University of Leuven. This is not shown in the album. But with the strains of the evergreen *Gaudeamus igitur* in the background, this introduction still has something of a festive academic overture about it.

Mark Derez

Plattegrond van Leuven met universiteitsgebouwen in vogelvlucht. Tekening van Vincent Lenertz als bijlage in [Victor Brants,] *L'Université de Louvain. Coup d'œil sur son histoire et ses institutions, 1425–1900* (Brussel 1900)

Leuven street map showing figurative representation of university buildings, by Vincent Lenertz, included as an appendix in [Victor Brants,] *L'Université de Louvain. Coup d'œil sur son histoire et ses institutions, 1425–1900* (Brussels 1900)

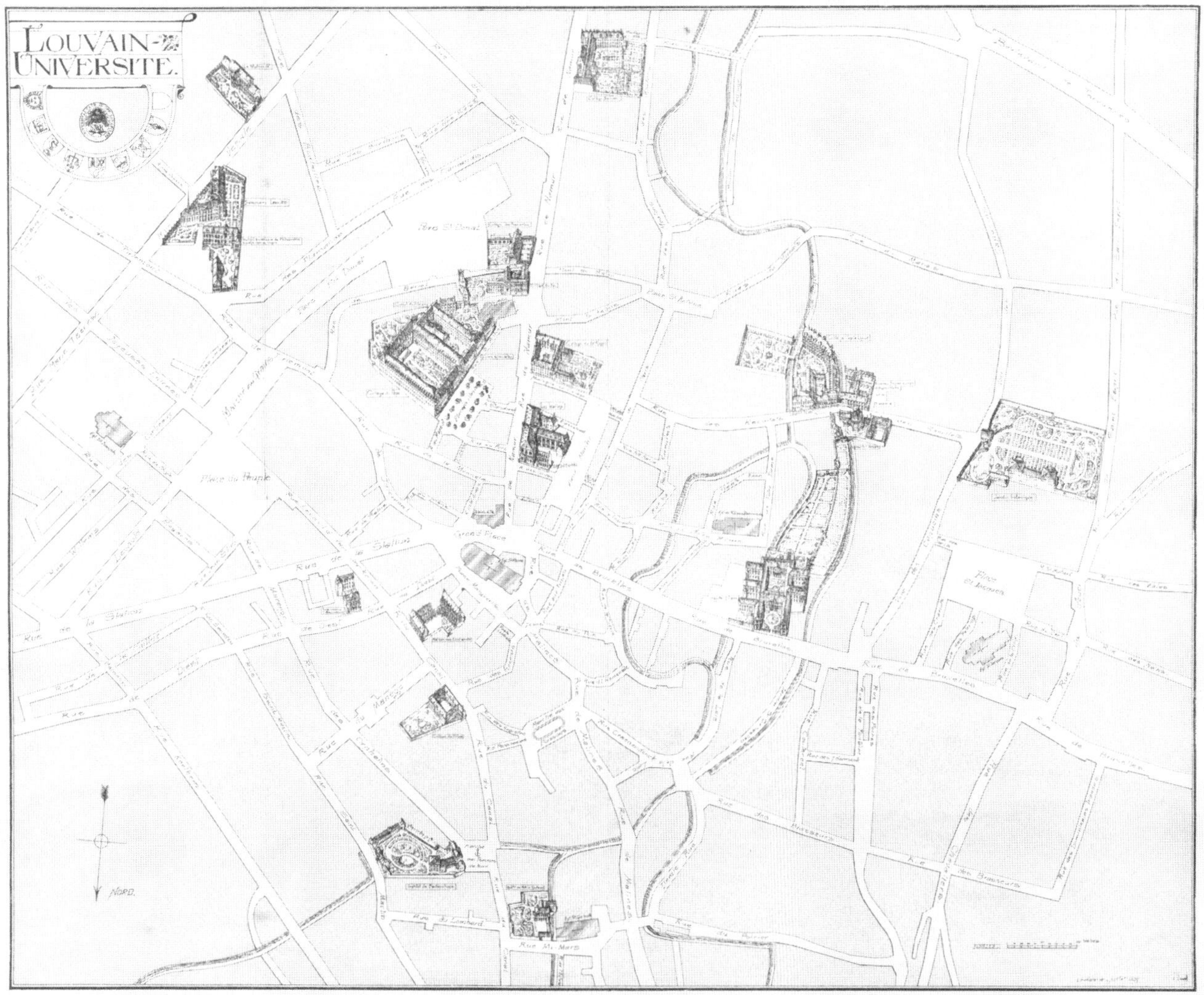

UNIVERSITÉ CATHOLIQUE DE LOUVAIN
ALBUM

1

Halles – Salle des Pas-Perdus

Vestibule in de Universiteitshal
Vestibule in the University Hall

In de negentiende eeuw bevond de hoofdingang van de Universiteitshal zich in de Zeelstraat en zo stapte de bezoeker binnen in deze ruime vestibule.

De bouw van een stedelijke lakenhal was begonnen in 1317. In 1432 had de pas opgerichte universiteit er een paar lokalen ter beschikking gekregen om te dienen als auditorium. Geleidelijk veroverde ze er meer ruimte, maar meer dan twee eeuwen lang huisden Mercurius en Minerva er onder één dak, tot de academici de ruimtenood, de commerciële drukte en de treurige toestand van de bovenverdieping moe waren. In 1679 werd een akkoord met de stad bereikt waardoor de universiteit de volle eigendom van het hele gebouw verwierf. Het jaar daarna werd begonnen met de vervanging van de verdieping door een barokke bovenbouw, die vier grote auditoria moest huisvesten. Men kreeg er toegang via een barokke trap, die bestond uit twee vleugels die vertrokken in de grote vestibule op de begane grond.

Na de brand van augustus 1914, die het hele gebouw – op de muren na – verwoestte, zou de monumentale trap niet worden hersteld, maar worden vervangen door een neobarokke staatsietrap in de dwarsvleugel die na 1723 was toegevoegd. De hoofdingang van het gebouw kwam toen opnieuw in de Naamsestraat te liggen. De grote hal beneden werd herdoopt tot Museumzaal en huisvestte een museum voor christelijke kunst, voornamelijk afgietsels die waren verworven door de Duitse herstelbetalingen na de Eerste Wereldoorlog. (JR)

In the nineteenth century, the main entrance to the University Hall was on Zeelstraat, via which visitors entered this spacious vestibule.

Construction of a civic Drapers' Hall began in 1317. In 1432, the newly established university had acquired the use of a few rooms in it to serve as an auditorium. It gradually took over more space there, but Mercury and Minerva continued to cohabit for more than two centuries, until the academics grew tired of the shortage of space, the commercial bustle and the dismal state of the upper floor. In 1679, an agreement was reached with the city whereby the university acquired full ownership of the entire building. The following year, a start was made on replacing the upper floor with a Baroque superstructure which would house four large auditoria. Access was via a Baroque staircase, consisting of two branches that started from the great vestibule on the ground floor.

After the fire of August 1914, which devastated the entire building apart from the walls, the monumental staircase was not repaired, but replaced by a neo-Baroque state staircase in the extension that was added after 1723. The main entrance to the building ended up on Naamsestraat again. The great hall downstairs was renamed the Museum Hall and housed a museum of Christian art, mainly consisting of casts acquired with German reparation payments after the First World War. (JR)

2

Halles – Salle rectorale

Rectorskamer in de Universiteitshal
Rector's room in the University Hall

Het kantoor van de rector bevond zich tot na de Eerste Wereldoorlog in zijn ambtswoning. In de Hal beschikte hij over een ontvangstkamer, ingebouwd in het zuidelijke deel van de gelijkvloerse verdieping van het oude gebouw langs de Naamsestraat. Zij kon worden bereikt via een gang die begon na de aanzet van de barokke trap in de vestibule (die op de vorige foto wordt getoond) en die doorliep tot de zuiderpoort in de Naamsestraat.

De bouw van deze en de naburige kamers ging terug tot de zeventiende eeuw, maar de definitieve indeling gebeurde ten tijde van de Rijksuniversiteit (1816–1835). Aan de oorspronkelijke bouw herinnerde de gotische balk in de zoldering. De vrij sombere neorenaissancistische inrichting van deze kamer dateerde uit de tweede helft van de negentiende eeuw. De bustes zijn vermoedelijk die van de rectoren Nicolas Joseph Laforêt (1865–1872) en Alexandre Joseph Namèche (1872–1881) en het schilderij aan de muur stelt mogelijk Pierre François Xavier de Ram (1834–1865) voor, de eerste rector van de Katholieke Universiteit. De gasverlichting gaf een meer eigentijdse toets aan het geheel. (JR)

The rector's office was located in his official residence until after the First World War. In the Hall he had a reception room, built into the southern section of the ground floor of the old building on Naamsestraat. It could be reached via a corridor that started after the foot of the Baroque staircase in the vestibule (shown in the previous photo) and ran to the south gate on Naamsestraat.

The construction of this and the adjoining rooms dates back to the seventeenth century, but the final layout dates from the period of the State University (1816–1835). The Gothic beam in the roof space was a reminder of the original structure. The fairly sombre neo-Renaissance design of this room dated from the second half of the nineteenth century. The busts are probably those of the rectors Nicolas Joseph Laforêt (1865–1872) and Alexandre Joseph Namèche (1872–1881), and the painting on the wall may show Pierre François Xavier de Ram (1834–1865), the first rector of the Catholic University. The gas lighting gave the room a more contemporary touch. (JR)

3

Halles – Senat académique

Senaatskamer in de Universiteitshal
Senate Chamber in the University Hall

Naast de ontvangstkamer van de rector, dichter bij de grote vestibule, bevond zich de vergaderzaal van de Academische Senaat. Daar overlegde de rector met de vicerector, de secretaris en de decanen. Het decor was er iets fleuriger dan bij de rector, met een armstoel en schrijflessenaar voor de rector en gewone stoelen voor de overige aanwezigen, alles in een sobere *style restauration*. In de Senaatskamer hing naar verluidt het portret van paus Adriaan VI, één van de beroemdste alumni, maar dat is hier niet te zien. Dit beroemde portret door Jan van Scorel, dat Adriaan voor zijn eigenste stichting, het Pauscollege, had bestemd, is in de brand van augustus 1914 vernield.

Van de portretten aan de muur kunnen er alvast twee worden geïdentificeerd. Het meest linkse toont de jurist Antoine Nicolas Joseph Ernst, die vooral bekend is geworden als liberale minister van Justitie in het unionistische kabinet onder leiding van Barthélémy de Theux van 1834–1840. In 1839 verliet hij de politiek om hoogleraar te worden. Het pendantportret rechts stelt zijn broer Lambert Henry Joseph Ernst voor, die aanvankelijk in Luik en vanaf 1839 in Leuven burgerlijk recht doceerde. Beide portretten verhuisden in 1913 naar het Spoelberchinstituut waardoor ze de grote brand van Leuven overleefden. Eén ervan, het linkse, dat van Antoine, hangt nu opnieuw in de Senaatskamer van de Universiteitshal. (JR)

Next to the rector's reception room, closer to the large vestibule, was located the Academic Senate's assembly chamber. This was where the rector conferred with the vice-rector, the secretary and the deans. The décor was somewhat more floral than in the rector's reception room, with an armchair and writing desk for the rector and ordinary chairs for the others who attended meetings, all in a sober *style restauration*. A portrait of Pope Hadrian VI, one of the most famous alumni, apparently hung in the Senate Chamber, but is not visible in this photo. This famous portrait by Jan van Scorel, which Hadrian had intended for his own foundation, Pope's College, was destroyed in the August 1914 fire.

Two of the portraits on the wall can be identified. Furthest to the left is the jurist Antoine Nicolas Joseph Ernst, whose main claim to fame was to have served as liberal Minister of Justice in the unionist government led by Barthélémy de Theux from 1834 to 1840. In 1839, he left political life to become a professor. The companion portrait on the right shows his brother, Lambert Henry Joseph Ernst, who taught civil law, initially in Liège and from 1839 in Leuven. Both portraits were moved to the Spoelberch Institute in 1913, as a result of which they survived the great fire of Leuven. One of them, that of Antoine on the left, once again hangs in the Senate Chamber of the University Hall today. (JR)

4

Collège du St. Esprit – Cour intérieure

Binnenplaats van het Heilige-Geestcollege met het poortgebouw
Inner courtyard of Holy Spirit College with gatehouse

Toen in 1445 ridder Lodewijk de Rycke en diens vrouw het brouwershuis 'Hollant' in de Prooststraat (nu de Naamsestraat) en een vast inkomen schonken aan de faculteit Theologie om daarmee huisvesting te bieden aan zeven arme studenten, kwam de eerste collegestichting binnen de universiteit tot stand. Zij kreeg de naam 'Heilige-Geestcollege' ter ere van de zeven gaven van de Heilige Geest. Door nieuwe schenkingen en aankopen werden mettertijd het aantal beursstichtingen, de gebouwen en de terreinen uitgebreid, tot het college tegen het midden van de zestiende eeuw het hele blok tussen de Collegeberg en de Sint-Antoniusberg omvatte.

In de achttiende eeuw werd het bonte allegaartje van gebouwen uit drie eeuwen geleidelijk vervangen door een fraai complex met een symmetrische aanleg. De werken werden in 1719 aangepakt onder leiding van de bekende Brusselse architect Johannes Andreas Anneessens, die langs de Collegeberg een nieuwe vleugel bouwde met een kapel en studentenkamers. Hij bouwde ook het monumentale poortgebouw langs de Prooststraat. In de jaren 1760 vernieuwde de Leuvense architect Natalis Josephus Corthout de reftervleugel, de linkerkant van de binnenplaats, en verlengde hij de vleugel langs de Collegeberg. De voltooiing kwam er in de jaren 1790, toen de oude middenvleugel werd vervangen door een elegant gebouw in Lodewijk XVI-stijl, bekroond met een koepeldak. (JR)

When the knight Lodewijk de Rycke and his wife donated the 'Hollant' brewery on Prooststraat (now Naamsestraat) and an annuity to the Faculty of Theology in 1445 in order to provide accommodation to seven poor students, the first college foundation within the university was set up. It was given the name 'Holy Spirit College' in honour of the seven gifts of Holy Spirit. As a result of new donations and purchases, the number of scholarships, buildings and plots of land expanded over time, until by the mid-sixteenth century the college occupied the whole block between Collegeberg and Sint-Antoniusberg.

In the eighteenth century, the motley jumble of buildings from three centuries was gradually replaced by a beautiful complex with a symmetrical design. The work was commenced in 1719 under the supervision of the well-known Brussels architect Johannes Andreas Anneessens, who constructed a new wing on Collegeberg with a chapel and student rooms. He also built the monumental gatehouse on Prooststraat. In the 1760s, the Leuven architect Natalis Josephus Corthout renovated the refectory wing forming the left side of the inner courtyard, and extended it along Collegeberg. Finally, in the 1790s, the old central wing was replaced by an elegant building in Louis XVI style, crowned with a dome roof. (JR)

5

Collège du St. Esprit – Cour intérieure

Binnenplaats van het Heilige-Geestcollege met de hoofdvleugel
Inner courtyard of Holy Spirit College with the main wing

Dit tweede gezicht toont de hoofdvleugel van het college, voltooid in 1792, en nogmaals de kapelvleugel. Achter de zandstenen gevel van de middenbouw bevond zich beneden de zaal waar op zaterdag de disputen voor de jongere theologiestudenten (*sabbatinales*) werden gehouden en daarboven het riante appartement van de president.

Na de opheffing van de Oude Universiteit werd het college stedelijk bezit en in 1804 werd er een humanioracollege geopend. In 1835 moest deze middelbare school de plaats ruimen voor een hersteld universitair college. In het vernieuwde Heilige-Geestcollege verbleven voortaan geestelijken die aan de universiteit studeerden. Een van de theologieprofessoren werd de residerende president, geassisteerd door een directeur en een subregent. Aan de inwoners legde rector Pierre François Xavier de Ram in 1836 een reglement en leefregel op die grote gelijkenis vertoonde met de oude collegestatuten en de hele negentiende eeuw in voege bleef.

Op de bovenverdieping van het poortgebouw werd in 1889 een seminarie voor kerkgeschiedenis (*Séminaire d'histoire ecclésiastique*) geïnstalleerd, dat in 1896 door Alfred Cauchie tot een meer algemeen historisch seminarie werd gereorganiseerd en een grote reputatie verwierf. (JR)

This second view shows the main wing of the college, completed in 1792, and the chapel wing again. Downstairs, behind the sandstone façade of the central building, was the room where disputations were held on Saturdays for the younger theology students (*sabbatinales*), with the president's riant and spacious apartment upstairs.

After the abolition of the Old University, the college became civic property, and a secondary school for the humanities was opened there in 1804. In 1835, this school gave way to a restored university college. Clerics studying at the university now stayed in the renovated Holy Spirit College. One of the theology professors became the president in residence, assisted by a director and a subregent. Rector Pierre François Xavier de Ram imposed regulations and a rule of life on the residents in 1836 that displayed great similarity to the old college statutes and remained in force throughout the nineteenth century.

On the upper floor of the gatehouse, a seminar for ecclesiastical history (*Séminaire d'histoire ecclésiastique*) was established in 1889. This was reorganised into a more general historical seminar by Alfred Cauchie in 1896, and acquired a considerable reputation. (JR)

6

Collège du Pape – Grand auditoire

Grote Aula in het Maria-Theresiacollege
Great Auditorium in Maria-Theresa College

In 1825 richtte koning Willem I binnen de muren van de nog jonge Leuvense Rijksuniversiteit het Filosofisch College op. Toekomstige priesters werden, tot grote ergernis van de katholieke onderdanen van de vorst, verplicht daar een wijsgerige opleiding te volgen. Het nieuwe instituut werd gevestigd in het Pauscollege, dat in de zestiende eeuw door paus Adrianus VI aan de universiteit was gelegateerd en dat omstreeks 1900, toen deze foto werd genomen, zijn oude functie als studentenhuis al lang had teruggekregen.

Daarnaast werden in 1825–1827 in opdracht van de stad door architect Martin Hensmans twee auditoria gebouwd, de Grote en de Kleine Aula (*Aula magna* of *Aula major* en *Aula minor*). Ze waren geïntegreerd in het aan het Pauscollege grenzende Veteranencollege, dat in 1837 naar de Habsburgse keizerin tot Maria-Theresiacollege zou worden herdoopt. De Grote Aula was het toneel van vele universitaire plechtigheden. In 1835 bezegelde de Leuvense burgemeester er de vestiging in zijn stad van de nieuwe Katholieke Universiteit met de overdracht van een aantal gebouwen aan de rector. Vanaf 1902 vond hier de openingsplechtigheid van het academisch jaar plaats. De Promotiezaal in de Universiteitshal was te klein geworden, nu er voor het eerst meer dan tweeduizend studenten aan de universiteit waren ingeschreven. (JT)

In 1825, King William I established the College of Philosophy within the walls of the still young Leuven State University. Much to the annoyance of the ruler's Catholic subjects, future priests were obliged to undergo philosophical training there. The new institute was housed in Pope's College, which had been bequeathed to the university in the sixteenth century by Pope Hadrian VI and by 1900, when this photograph was taken, had long since regained its former function as student accommodation.

In addition, two auditoria were built in 1825 to 1827 on behalf of the city by architect Martin Hensmans: the Great Auditorium and the Lesser Auditorium (*Aula magna* or *Aula major* and *Aula minor*). They were incorporated into Veterans' College, adjoining Pope's College, which in 1837 was renamed Maria-Theresa College, after the Habsburg empress. The Great Auditorium was providing the setting for many university ceremonies. It was here that in 1835 the mayor of Leuven finalised the establishment in his city of the new Catholic University by transferring a number of buildings to the rector. From 1902 onwards, the inaugural ceremony of the academic year was held here. The Graduation Hall in the University Hall had become too small, now that more than two thousand students were enrolled at the university for the first time. (JT)

7

Collège du Pape – Petit auditoire

Kleine Aula in het Maria-Theresiacollege
Lesser Auditorium in Maria-Theresa College

Martin Hensmans bouwde de nieuwe gehoorzalen van het Filosofisch College in een neoclassicistische stijl. Die paste bij de *facelift* die vele van de oude universitaire colleges al in de tweede helft van de achttiende eeuw hadden ondergaan. Ook het Pauscollege kreeg in de jaren 1770 een sober klassiek uitzicht; dat gold in het bijzonder voor de nieuwe hoofdvleugel die hofarchitect Louis Montoyer optrok.

Maar Hensmans' neoclassicisme paste ook bij de officiële esthetiek van het Verenigd Koninkrijk van Willem I. Het maakte de Grote en de Kleine Aula verwant aan soortgelijke zalen die gelijktijdig aan de Gentse en de Luikse rijksuniversiteiten werden gebouwd, zoals de door Lodewijk Roelandt ontworpen en in 1826 ingewijde Aula in Gent. Hun architectuur herinnerde aan antieke tempels en pantheons: een halfronde plattegrond, een cassettenplafond, een koepeldak, dat werd geschraagd door een streng geritmeerde zuilengalerij. Het was een architectuur die een gevoel van majesteit trachtte op te roepen. De armoede waarmee de beide Leuvense auditoria omstreeks 1900 waren ingericht, contrasteerde met die verhevenheid. De banken met hun genummerde zitplaatsen in de Kleine Aula herinnerden niet aan tempels of pantheons, maar aan pensionaten. (JT)

Martin Hensmans built the new auditoria of the College of Philosophy in a neo-classical style. This was consistent with the facelift that many of the old university colleges had already undergone in the second half of the eighteenth century. In the 1770s Pope's College was also given a sober classical appearance – especially the new main wing constructed by the court architect Louis Montoyer.

But Hensmans' neo-classicism also reflected the official aesthetic programme of the United Kingdom of William I. It created an affinity between the Great and the Lesser Auditorium and similar halls built during the same period at the state universities of Ghent and Liège, such as the Aula in Ghent designed by Lodewijk Roelandt and inaugurated in 1826. Their architecture recalled ancient temples and pantheons: a semicircular floor plan, and a coffered ceiling, a domed roof supported by a strictly regular peristyle. Such architecture was intended to evoke a sense of majesty. The meagreness of the interior décor of the two Leuven auditoria around 1900 contrasted with this loftiness. The benches with their numbered seats in the Lesser Auditorium were reminiscent not so much of temples or pantheons as of boarding schools. (JT)

8

Collège Juste Lipse

Nieuwe vleugel van het Justus-Lipsiuscollege
New wing of Justus-Lipsius College

In het laatste kwart van de negentiende eeuw kreeg het patrimonium van de Leuvense universiteit een neogotische stempel opgedrukt. De architectuur weerspiegelde een ideologie die haar inspiratie zocht in de christelijke middeleeuwen. Het eerste hoogtepunt van deze neogotiek was het Justus-Lipsiuscollege, dat in 1878–1879 in de Minderbroedersstraat verrees als een pedagogie voor studenten in de geneeskunde en de wetenschappen.

Het nieuwe college werd gebouwd door de op dat moment nog geen dertig jaar oude Joris Helleputte, hoogleraar aan de Speciale Scholen voor de ingenieurs en katholiek politicus *in spe*. Met de hulp van zijn vaste groep van ambachtslieden, verenigd in een 'Gilde van Ambachten en Neringen', wat op zijn beurt herinnerde aan de middeleeuwse corporaties, trok hij een sober, rationeel complex op. Met die 'ingenieuze neogotiek' werd Helleputte de volgende jaren de huisarchitect van de universiteit. Hij vond ook navolging. Toen het Justus-Lipsiuscollege in 1899, vlak voor dit album ontstond, langs de Dijle werd uitgebreid met een nieuwe vleugel voor studentenkamers, bleven Vincent Lenertz en Theo van Dormael de stijl van de meester trouw. Lenertz bouwde later onder meer nog het Kolenmuseum (1905) en het Arenberginstituut (1909) voor de universiteit. Hij zette een moderne traditie voort. (JT)

In the last quarter of the nineteenth century, the heritage of the University of Leuven was given a neo-Gothic stamp. The architecture reflected an ideology that took inspiration from the Christian Middle Ages. The first high point of this neo-Gothic was Justus-Lipsius College, which was constructed on Minderbroedersstraat between 1878 and 1879 as a boarding house or residential college for students of medicine and the sciences.

The new college was built by Joris Helleputte, not yet thirty years old at the time, who was professor at the Special Schools for engineers and a future Catholic politician. With the help of his fixed group of craftsmen, united in a 'Guild of Crafts and Trades' which itself recalled the medieval corporations, he erected a sober, rational complex. With this 'ingenious neo-Gothic', Helleputte became the university's in-house architect in the years that followed. Others followed in his footsteps. When Justus-Lipsius College was extended along the River Dijle with a new wing for student rooms in 1899, just before this album was produced, Vincent Lenertz and Theo van Dormael remained faithful to the master's style. Among other achievements, Lenertz later also built the Coal Museum (1905) and the Arenberg Institute (1909) for the university. He pursued a modern tradition. (JT)

9

Auditoire de Droit

Auditorium van de faculteit Rechtsgeleerdheid
Auditorium of the Faculty of Law

Deze erg streng ogende collegezaal bevond zich vermoedelijk in de Universiteitshal, op de gelijkvloerse verdieping van de Regavleugel, daar waar zich nu de staatsietrap bevindt. De vensters gaven uitzicht op de Zeelstraat. Er was een deur in de korte muur tegenover de katheder en een tweede in de muur tegenover de ramen. Vermoedelijk werd dit auditorium geïnstalleerd onder de Rijksuniversiteit. De banken voor de studenten kunnen best nog ouder geweest zijn.

De docent troonde in dergelijke auditoria boven het gehoor uit, meestal zittend op zijn leerstoel, zodat hij enkel met hoofd en schouders boven de katheder uitstak. Wij kunnen ons die situatie goed voorstellen dankzij de nog bewaarde schetsen van een student die in zijn collegedictaat de docerende professoren portretteerde. De foto moet genomen zijn tijdens de zomermaanden, toen de gaslantaarns werden gedemonteerd. Van een vorm van verwarming is geen spoor; misschien stond een kachel achteraan. In dit kale decor konden alleen de retorische talenten van de docent een *ex cathedra* hoorcollege tot een boeiende belevenis maken. (JR)

This very severe-looking lecture room was probably located in the University Hall, on the ground floor of the Rega Wing, where the state staircase is now. The windows looked out onto Zeelstraat. There was a door in the short wall opposite the lectern and a second in the wall opposite the windows. This auditorium was probably installed during the time of the State University. The students' benches may well have been even older.

The lecturer sat above the audience in such auditoria, usually in his professorial chair, so that only his head and shoulders protruded above the lectern. We can picture the set-up clearly thanks to the sketches, still preserved, by a student who portrayed the professors in his lecture notes. The photograph must have been taken during the summer months, when the gas lanterns were taken down. There is no sign of any form of heating; perhaps there was a stove at the rear. Amid this bare décor, only the lecturer's rhetorical talents could make an *ex cathedra* lecture a fascinating experience. (JR)

10

Bibliothèque – Salle de lecture

Leeszaal van de Universiteitsbibliotheek in de Universiteitshal
University Library reading room in the University Hall

De Universiteitsbibliotheek bevond zich op de eerste verdieping van de Universiteitshal. In het hart van het gebouw was onder de Rijksuniversiteit een *leeskamer* ingericht. Deze leeszaal paalde onmiddellijk aan de traphal met de barokke trap. Achter de vleugeldeuren helemaal in de hoek komt een van de traparmen uit. Tot aan de Franse Revolutie was dit de *voorsael*, een doorgangsruimte die toegang verleende tot de auditoria en via een sluisje ook nog tot de achttiende-eeuwse bibliotheekzaal. Eigenlijk was dit een royale overloop. Dat hier omstreeks 1900 nog steeds de leeszaal was ondergebracht, wijst op het acute plaatsgebrek in de Hal, maar wellicht ook op het geringe belang dat aan publieksvoorzieningen werd gehecht.

Achter de vleugeldeuren met de medaillons erboven bevonden zich de gehoorzalen die waren heringericht als boekenmagazijn. Daartussen is de aanzet van de pijler te zien waarop de bogen van de middeleeuwse lakenhal berustten; die lopen tegenwoordig weer als een ruggengraat door de Jubileumzaal. Het cassettenplafond is inmiddels vervangen door een kruisribgewelf. Het grote schilderij stelt de opwekking van het dochtertje van Jaïrus voor en is van de hand van de Antwerpse kunstenaar Matthijs van Bree. Het werd door Willem I aangekocht voor de refter van het Filosofisch College en weinig jaren nadien tijdens de Tiendaagse Veldtocht in 1831 door Nederlandse soldaten met sabels bewerkt. (MD)

The University Library was on the first floor of the University Hall. During the time of the State University, a reading room had been fitted out in the heart of the building. It immediately adjoined the stairwell with the Baroque staircase. One of the flights of stairs ended right in the corner, behind the double doors. Up to the time of the French Revolution, this was the *voorsael*, an ante-chamber which led through to the auditoria and, via a lobby, to the eighteenth-century library room. It was really nothing more than a spacious landing. That the reading room was still located here around 1900 points to the acute lack of space in the Hall, though perhaps also to the low degree of interest attached to public facilities.

Behind the double doors with the medallions above them were the auditoria, which had been converted into book stores. In between them the base of the pillar can be seen on which the arches of the medieval Drapers' Hall were supported; nowadays, these again run like a backbone through the Jubilee Hall. The coffered ceiling has now been replaced by a rib vault. The large painting shows the raising of Jairus' daughter, and is by the Antwerp artist Matthijs van Bree. It was purchased by William I for the refectory of the College of Philosophy and vandalised by Dutch soldiers with sabres a few years later, during the Ten Days' Campaign in 1831. (MD)

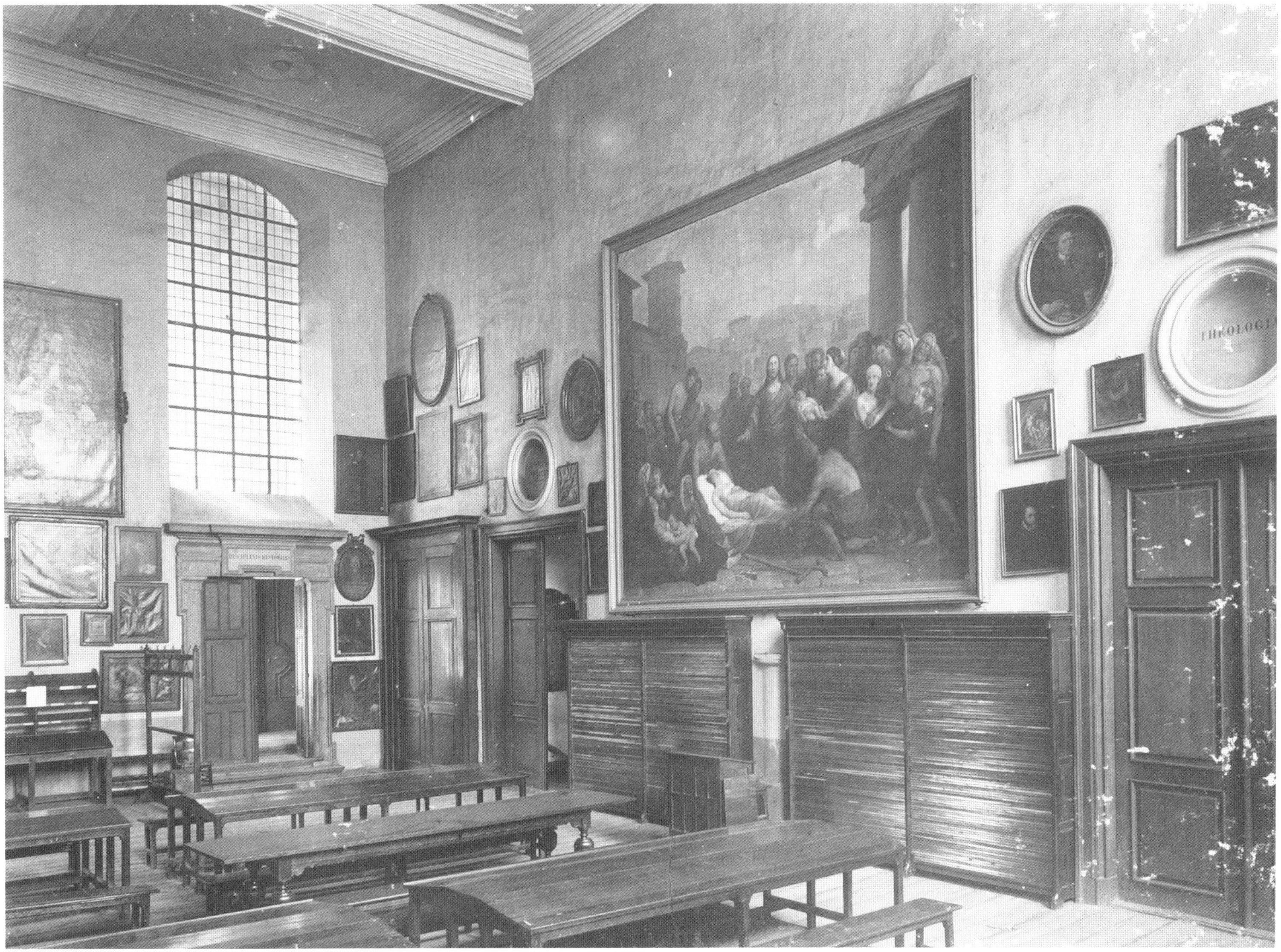
THEOLOGIA

11

Bibliothèque – Salle de lecture

Leeszaal van de Universiteitsbibliotheek in de Universiteitshal
University Library reading room in the University Hall

De lezer werd warempel niet verwend. De openingstijden waren beperkt: 's winters slechts tot vier uur 's middags, bij gebrek aan verlichting. Een potkachel zorgde voor verwarming. Op een eenzame bolpoottafel na is het meubilair rudimentair. Comfort moest het afleggen tegen decor en decorum. Door de zaal schreed van tijd tot tijd een academische stoet en ze heette niet voor niets ook de Portrettenzaal: van plint tot plafond waren de wanden behangen met portretten van hoogleraren. Goed herkenbaar is onder meer de zestiende-eeuwse geleerde en staatsman Viglius Aytta van Zwichem in zijn tabbaard van het Gulden Vlies. Over zijn hoofd heen predikt Johannes de Doper op een barok doek van Richard van Orley, pendant van het schilderij van Matthijs van Bree aan de overkant. Overal in de Hal hingen pausen en bisschoppen, allen begunstigers, alumni of oudgedienden van de universiteit. Klapstuk was de buitenmaatse beeltenis van Leo XIII, die Zijne Heiligheid in 1885, bij de oprichting van de leerstoel in de Thomistische wijsbegeerte, had doen toekomen.

Links in het voormalige auditorium van de medische faculteit waren in de betimmering miraculeuze genezingen uit de Schrift ingewerkt. Het auditorium zou later fungeren als Promotiezaal, een heuse *salon de gala universitaire*, zoals de reporter van *Le Patriote illustré* schreef. Het prinsenpaar Albert en Elisabeth deed er in 1904 zijn blijde intrede in het voetspoor van Albrecht en Isabella, vierhonderd jaar tevoren. Hier werd in eeuwen gerekend. (MD)

The reader certainly was not pampered. The opening hours were restricted: until just four in the afternoon during the winter, due to lack of lighting. A round iron stove provided heating. Apart from a lone bulbous-legged table, the furniture was rudimentary. Comfort took second place to décor and decorum. An academic procession passed through the room from time to time, and it is fairly obvious why it was also called the Portrait Room: from skirting-board to ceiling, the walls were hung with portraits of professors. The easily identifiable ones include the sixteenth-century scholar and statesman Viglius Aytta van Zwichem in his gown of the Order of the Golden Fleece. Over his head, John the Baptist preaches in a Baroque painting by Richard van Orley, which forms a companion piece to the painting by Matthijs van Bree on the opposite wall. Throughout the Hall hung portraits of popes and bishops, all of them patrons, alumni or former staff members of the university. The *pièce de resistance* was the outsized depiction of Leo XIII, which His Holiness sent in 1885, on the establishment of the chair in Thomistic philosophy.

In the former auditorium of the Medical Faculty on the left, paintings depicting miraculous healings from Scripture were integrated in the panelling. The auditorium would later serve as the Graduation Hall, a true *salon de gala universitaire*, as the reporter in *Le Patriote illustré* wrote. The royal couple Albert and Elisabeth made their ceremonial 'Joyous Entry' there in 1904, following in the footsteps of Albert and Isabella four hundred years earlier. Time was reckoned in centuries here. (MD)

ACAD
MINOR

12

Bibliothèque

Pronkzaal van de Universiteitsbibliotheek in de Regavleugel van de Universiteitshal
State room of the University Library in the University Hall's Rega Wing

Dit is ongetwijfeld de meest gefotografeerde ruimte van de universiteit. Deze boekengalerij met haar langgerekte perspectief van opeenvolgende portieken kreeg na haar verwoesting in 1914 een welhaast emblematische betekenis. Maar ook tevoren gold ze al als icoon en *lieu de mémoire*, voor architectuurhistorie en universteitsgeschiedenis.

De pronkzaal bevond zich in de vleugel die haaks op de oude Lakenhal staat en die mede onder impuls van de achttiende-eeuwse medicus Henricus Rega omstreeks 1725 tot stand kwam, de zogeheten Regavleugel. De bibliotheek kreeg er een onderkomen boven de academische bier- en wijnkelder en boven de rectorale rechtbank. Tot de geschiedenis van de ongebouwde architectuur behoort een grandioos maar onbetaalbaar project van de vermaarde Antwerpenaar Hendrik Verbruggen. De voorkeur ging uiteindelijk naar handwerklieden uit het zuiden des lands, ongetwijfeld omdat die goedkoper waren: beeldhouwer Denis Bayar uit Namen en schrijnwerker Henri Bonnet uit Nijvel.

Het gebouw werd opgetrokken in zogenaamde classicerende barok. De binneninrichting zorgt wel voor enig barok vertoon ofschoon de beelden boven de ondulerende boekenkasten klassieke trekken vertonen. Vanonder hun troonhemels verwijzen ze naar de inhoud van de kasten. Het zijn allen levensgrote figuren, zowel christenen als heidenen, en ze vormen als het ware een *Bilderkatalog* met bijvoorbeeld Hippocrates en Lucas boven de rubriek met medische werken. Daar kwamen zich in de negentiende eeuw bustes van Leuvense beroemdheden bij voegen: Mercator en Vesalius, maar ook kanunnik Jan Baptist David, de *godfather* van de Vlaamse Beweging. (MD)

This is undoubtedly the most photographed room of the university. This book gallery with its extended perspective of successive porticos assumed virtually emblematic status following its destruction in 1914, but even before then, it was regarded as an icon and *lieu de mémoire*, for architectural history and university history alike.

The state room was located in the so-called Rega Wing, which stands at right angles to the old Drapers' Hall and was built in around 1725, partly at the instigation of the eighteenth-century physician Henricus Rega. The library was housed there, above the academic beer and wine cellar and above the rectoral court. The history of unbuilt architecture includes a grandiose but unaffordable plan drawn up by the celebrated Antwerp architect Hendrik Verbruggen. The preference eventually fell on craftsmen from the south of the country, doubtless because they were cheaper: sculptor Denis Bayar from Namur and cabinetmaker Henri Bonnet from Nivelles.

The building was created in so-called classicising Baroque. The interior presents some Baroque affectation, although the sculptures above the undulating bookcases display classical traits. From beneath their canopies, they point to the contents of the bookcases. All are life-sized figures, both Christian and pagan, and they constitute a kind of *Bilderkatalog*: for example, Hippocrates and Luke overlook the section containing medical works. In the nineteenth century, busts of famous figures from Leuven were added: Mercator and Vesalius, but also Canon Jan Baptist David, godfather of the Flemish Movement. (MD)

13

Bibliothèque

Zaal van de Universiteitsbibliotheek in het auditorium van de faculteit Godgeleerdheid in de Universiteitshal
University Library room in the Theology Faculty's auditorium in the University Hall

Bibliotheken blijven groeien. De centrale bibliotheek die in 1636 werd opgericht, nam aanvankelijk genoegen met zolders en attieken, tot ze een aparte vleugel kreeg. Toen had ze pas goed de wind in de zeilen en de nieuwbouw werd alras te klein voor de tachtigduizend delen die de universiteit in 1770 bezat; in de grote galerij werden de vensternissen volgestouwd met boeken. Een monumentale uitbreiding naar een ontwerp van hofarchitect Laurent-Benoît Dewez vond geen doorgang vanwege de politieke commotie op het eind van de achttiende eeuw.

In het begin van de negentiende eeuw zwermde de bibliotheek uit over de eerste verdieping van de Hal. De oude gehoorzalen van de theologen en de juristen waren in de Franse Tijd als schouwburg en koffiehuis uitgebaat. Aan deze profanatie kwam een eind toen de Rijksuniversiteit de voormalige auditoria als bibliotheekruimte in gebruik nam. Rondom werden rekken getimmerd, het gestoelte ruimde baan voor boekenkasten.

De aula van de godgeleerden werd uitsluitend gevuld met gewijde geschriften. De tien schilderijen stellen taferelen voor uit het leven van Petrus, de patroonheilige van de stad. De hele cyclus is van de hand van Pieter Jozef Verhagen, hofschilder van keizerin Maria Theresia. Deze wel erg late vertegenwoordiger van de rubensiaanse barok heeft Leuven van vele strekkende meter monumentale schilderkunst voorzien. Maar hij produceerde ook voor de export, werk dat nu wellicht opgeslagen ligt in museumdepots in Wenen en Boedapest. (MD)

Libraries keep on growing. The central library which was established in 1636 initially had to make do with attics and lofts until it was given a separate wing. Only then did it prosper, and the new building soon became too small for the eighty thousand volumes that the university possessed by 1770; in the great gallery, the windows were blocked up with books. A monumental extension based on a design by court architect Laurent-Benoît Dewez failed to gain approval due to the political upheavals at the end of the eighteenth century.

In the early nineteenth century, the library spilled out across the first floor of the Hall. The old auditoria for the theologians and jurists had been used as a theatre and coffee house during the French period. This profanation was brought to an end when the State University began to use the former auditoria as library space. Shelves were fixed up all round, and the seating was cleared away to make space for bookcases.

The theologians' auditorium was exclusively stocked with sacred writings. The ten paintings show scenes from the life of Peter, the city's patron saint. The whole cycle is by Pieter Jozef Verhagen, court painter to Empress Maria-Theresa. This very late representative of the Rubensian Baroque supplied Leuven with many linear metres of monumental painting. He also produced for export – works that may now be stored in museum depots in Vienna and Budapest. (MD)

14

Bibliothèque

Zaal van de Universiteitsbibliotheek in het auditorium van de faculteit Kerkelijk Recht in de Universiteitshal
University Library room in the Canon Law Faculty's auditorium in the University Hall

Nadat de universiteit de hele Lakenhal had kunnen verwerven, werd die definitief gepromoveerd tot Universiteitshal. Het zaagdak werd afgebroken en het gebouw werd aanzienlijk hoger opgetrokken. Op de verdieping kwamen gehoorzalen voor de vier hogere faculteiten: godgeleerdheid, de beide rechten en medicijnen. Omwille van de akoestiek werd speciaal een predikheer aangetrokken en een metselaar uit Vlaanderen voor de constructie van de gewelven. Het luisterde bepaald nauw. De Hal was nog niet uit de steigers of er brak een geweldige strijd los om de beste locatie. De *querelle des facultés* werd uitgevochten in barok Latijn en met bizarre argumenten, in processen en pamfletten. De juristen trokken aan het kortste eind, maar de canonisten onder hen veroverden wel de grootste aula.

In het voormalige auditorium van de faculteit Kerkelijk Recht bracht de bibliothecaris van de Rijksuniversiteit de rechtswetenschap onder én de taal- en letterkunde. De akoestiek was niet langer van tel, de lichtinval des te meer. De zalen baadden in het daglicht dat zo overvloedig door de steekboogramen viel dat de fotograaf er zichtbaar door gehinderd werd. Tegen de Eerste Wereldoorlog aan diende de zaal als tijdschriftenzaal, ofschoon daar toen voornamelijk de tijdingen van academiën en geleerde genootschappen ter inzage lagen. De echte vaktijdschriften en de actieve literatuur uit het nieuwe wetenschapsbedrijf werden ook toen al decentraal beschikbaar gesteld in de diverse instituten en laboratoria, die een netwerk van ruilabonnementen met hun tegenhangers wereldwijd ontwikkelden. (MD)

After the university had acquired the entire Draper's Hall, it was definitively promoted to the status of University Hall. The sawtooth roof was demolished and the building was raised considerably higher. Upstairs, auditoria were created for the four higher faculties: theology, the two branches of law and medicine. To get the acoustics right, a Dominican friar was specially recruited, and a bricklayer from Flanders for the construction of the vaults: this was definitely precision work. The Hall was not even out of its scaffolding before a fierce dispute broke out over the best location. The *querelle des facultés* was contested, in Baroque Latin and with bizarre arguments, by means of court cases and pamphlets. The jurists drew the short straw, although the canon law specialists did gain the most grandiose auditorium.

In the former auditorium of the Faculty of Canon Law, the librarian of the State University accommodated legal science and philology and literature. The acoustics no longer mattered, but lighting was more important. The rooms were flooded with natural light, so much of which came streaming through the segment windows that it clearly caused the photographer problems. Towards the time of the First World War, the hall served as a periodicals room, although it was mainly the bulletins of academies and learned societies that were available for perusal there. Availability of the scientific journals and secondary literature had already been decentralised in the various institutes and laboratories, which developed a network of cross-subscriptions with their counterparts worldwide. (MD)

15

Bibliothèque

Zaal van de Universiteitsbibliotheek in het auditorium van de faculteit Burgerlijk Recht in de Universiteitshal
University Library room in the Civil Law Faculty's auditorium in the University Hall

In de burgeroorlog tussen de faculteiten moesten de civilisten het loodje leggen. Hun zaal was duidelijk de kleinste van allemaal. Het auditorium van de faculteit Burgerlijk Recht was echter minstens zo mooi ingericht als dat van de medische faculteit. Daartoe werd in 1737 opnieuw Denis Bayar aangetrokken. Diens bedrijf was kennelijk een huis van vertrouwen. Het Naamse atelier had onder meer van Orval tot Averbode kerken en abdijen uitgemonsterd.

De inrichting van de gehoorzaal droeg duidelijk Bayars waarmerk: verzorgde betimmering met bewerkelijke kroonlijsten, composietkapitelen en nissen met lambrekijnen, kortom een ensemble dat nergens de zwaarte had van de lokale barok. De afgeronde hoekkasten volgden fraaie curven die van het geheel van de ruimte een ovaal maakten. Voor de katheder in de absis troonde keizer Justinianus, die het Romeins recht deed optekenen en met zijn *Codex* de beschermheer van de civilisten was. Ten tijde van de Rijksuniversiteit werden hier de boekwerken over wijsbegeerte, geneeskunde en natuurwetenschap samengebracht.

Het vertrek was klein maar fijn en goed genoeg voor het academisch corps dat er vlak voor de oorlog zijn exclusieve werkterrein had. Deze *Salle de Travail* was voorbehouden aan docenten volgens een weloverwogen segregatie die nog lange tijd opgeld deed, ook in de nieuwe bibliotheek waar professoren tot in de jaren zestig van de twintigste eeuw een aparte leeszaal behielden. (MD)

The civil law specialists got the worst of the in-fighting between the faculties. Their room was definitely the smallest of all. However, the auditorium of the Faculty of Civil Law was at least as beautifully furnished as that of the Medical Faculty. Denis Bayar was again hired in 1737 to ensure this. His business evidently inspired confidence: the Namur studio had fitted out churches and abbeys from Orval to Averbode.

The auditorium's interior décor clearly bore Bayar's trademark: immaculate panelling with elaborate cornices, composite capitols and niches with valances, in short an ensemble that had none of the heaviness of the local Baroque. The rounded corner cabinets followed beautiful curves that turned the whole of the space into an oval. Before the lectern in the apse sat the enthroned figure of the Emperor Justinian, who caused Roman law to be recorded and with his *Codex* was the patron saint of the civil law specialists. During the period of the State University, works on philosophy, medicine and natural science were assembled here.

The room was small but fine, and good enough for the body of academics whose exclusive territory it was just before the war. This *Salle de Travail* was reserved for lecturers in accordance with a deliberate segregation which remained in place for a long time, including in the new library, where professors occupied a separate reading room until the 1960s. (MD)

16

Bibliothèque

Zaal van de Universiteitsbibliotheek in het auditorium van de faculteit Burgerlijk Recht in de Universiteitshal
University Library room in the Civil Law Faculty's auditorium in the University Hall

De aparte docentenkamer zou natuurlijk ook recht doen aan de onderzoekstaak die de hoogleraren meer dan ooit op zich namen. Hand in hand met de algemene professionalisering ging een differentiatie van de bibliotheekruimte. Het kan niet anders of voor de inrichting van de professorenzaal dienden boekenkasten te worden verwijderd. In de winter van 1913–1914 begonnen technici van de firma Lippmann uit Leipzig metalen rekken te monteren op de benedenverdieping van de Regavleugel, die in de zomer van 1914 mee in vlammen zou opgaan. Maar toen deze foto werd genomen, was het nog lang niet zo ver. Ruim twee derde van de boeken bevond zich nog in de voormalige auditoria in het hoofdgebouw aan de Naamsestraat.

Het totale aantal werd geraamd op driehonderdduizend delen, inclusief achthonderd wiegendrukken en een duizendtal handschriften. De verkoopwaarde ervan werd na de verwoesting in 1914 wel eens overdreven. Het historisch belang kan echter nauwelijks worden overschat. Het ging om een eeuwenoude bibliotheek uit het ancien régime, die vrijwel ongerept was overgeleverd, in tegenstelling tot de vele kloosterbibliotheken, die ten tijde van de Revolutie als zwart goed waren verkocht. Het was bovendien de bibliotheek van de oudste universiteit in de Nederlanden, waarmee ze organisch was vergroeid. De collectie bevatte de hele gedrukte productie van de Leuvense professoren en de neerslag van alle controverses waarin ze zich hadden gemêleerd. Dat was misschien geen werelderfgoed, maar in elk geval belangwekkend academisch erfgoed. (MD)

The separate lecturers' room would of course also reflect the research role that the professors were increasingly taking on. Associated with the general process of professionalisation was a differentiation of the library space. Inevitably, bookcases had to be removed for the fitting out of the professors' room. During the winter of 1913 to 1914, technicians from the firm Lippmann of Leipzig started to mount metal shelves on the ground floor of the Rega Wing, which would go up in flames in the summer of 1914. However, that was still a long way ahead when this photograph was taken. Over two-thirds of the books were still in the former auditoria in the main building on Naamsestraat.

The total number was estimated at three hundred thousand volumes, including eight hundred incunabula and around a thousand manuscripts. Their sale value may have been exaggerated after their destruction in 1914, but their historical value can scarcely be overestimated. This was a centuries-old library from the *ancien régime*, which had passed down through the ages virtually unscathed, unlike the many monastery libraries whose contents had been sold off on the black market during the Revolutionary period. Moreover, it was the library of the oldest university in the Low Countries, with which it had grown up organically. The collection contained the entire printed output of Leuven's professors and the distillation of all the controversies in which they had become involved. That may not have been of world heritage status, but it was certainly an interesting academic heritage. (MD)

17

Collège Léon XIII

Binnentuin van het Hoger Instituut voor Wijsbegeerte met het hoofdgebouw en de kapel van het Leo XIII-seminarie
Inner courtyard of the Higher Institute for Philosophy with the main building and chapel of the Leo XIII Seminary

In 1889 stichtte de latere kardinaal Désiré Mercier het Hoger Instituut voor Wijsbegeerte. Het instituut, dat een centrum van neothomisme moest worden, werd gevestigd op de hoek van de Vlamingen- en de Tiensestraat. Drie jaar later volgde de oprichting van het Leo XIII-seminarie, waar de kandidaat-priesters die in het nieuwe instituut een wijsgerige opleiding kregen, werden ondergebracht. Voor dit seminarie werd in 1895 een nieuw gebouw opgetrokken, vlak naast het Hoger Instituut voor Wijsbegeerte. Wie omstreeks 1900 in de binnentuin van het instituut stond, kon links achter het hoofdgebouw, waarin auditoria en een conferentiezaal waren gevestigd, de pas ingewijde kapel van het Leo XIII-seminarie zien, met in het dak de pauselijke en Belgische wapenschilden verwerkt.

Het geheel toonde de complexiteit van de Leuvense neogotiek omstreeks de eeuwwisseling. Het Hoger Instituut voor Wijsbegeerte en het Leo XIII-seminarie waren tussen 1893 en 1897 door Joris Helleputte in de hem eigen strenge stijl opgetrokken. Maar de kapel was het werk van Helleputtes medewerker Joseph Piscador. Die schrok niet terug voor een doorwrochte stijl en overvloedige decoratie. Het zinde de meester niet: toen de kapel in 1897 werd ingezegend bleef hij demonstratief afwezig. (JT)

In 1889, the later cardinal Désiré Mercier founded the Higher Institute for Philosophy. The institute, which was supposed to be a centre for neo-Thomism, was located at the corner of Vlamingenstraat and Tiensestraat. Three years later, the Leo XIII Seminary was established, to house candidates for the priesthood who were receiving training in philosophy at the new institute. A new building was built for this seminary in 1895, right next to the Higher Institute for Philosophy. Anyone standing in the institute's inner courtyard around 1900 could see the recently consecrated chapel of the Leo XIII Seminary, with the papal and Belgian coats of arms on the roof, to the left behind the main building, in which auditoria and a conference room were based.

The whole project showed the complexity of Leuven neo-Gothic around the turn of the century. The Higher Institute for Philosophy and the Leo XIII Seminary were erected between 1893 and 1897 by Joris Helleputte, in his distinctive severe style. However, the chapel was the work of Helleputte's colleague Joseph Piscador. He did not hold back on overwrought style or superfluous decoration. This was not to the master's liking: when the chapel was consecrated in 1897 he was conspicuous by his absence. (JT)

18

Collège Léon XIII

Binnentuin van het Hoger Instituut voor Wijsbegeerte met de presidentswoning, de portiersloge en de bibliotheek
Inner courtyard of the Higher Institute for Philosophy with the president's lodgings, porter's lodge and library

De gebouwen van het Hoger Instituut voor Wijsbegeerte waren gegroepeerd om een besloten, langgerekte binnentuin. Wie met de rug naar het hoofdgebouw stond, zag rechts het ruime presidentshuis, met daarin onder meer de voor Désiré Mercier ingerichte privékapel. Aan de andere kant van de smeed-ijzeren toegangspoort lag de portierswoning. Aan dezelfde zijde van de tuin, tegen de omheiningsmuur, was ten slotte de bibliotheek gevestigd, in een gebouw met een karakteristiek lessenaarsdak.

Het geheel ademde rust uit. De *Ecole Saint-Thomas d'Aquin*, zoals het instituut officieel heette, moest een plaats van studie en reflectie zijn. Er stond immers veel op het spel: wat kon en moest de relatie zijn die de Kerk onderhield met de moderne samenleving en haar rationalisme? Mercier zocht naar een *modus vivendi*. In 1931 zou tussen de bibliotheek en de uitbouw van het hoofdgebouw een door de Poolse beeldhouwer Ephrem de Czynia vervaardigd beeld van de stichter van het instituut worden onthuld. Het was een grootse plechtigheid, in aanwezigheid van onder meer de koning en de koningin, die bloemen bij de voet van het beeld neerlegden. De filosofie werd er geloofd als de synthese van de wetenschappen. (JT)

The buildings of the Higher Institute for Philosophy were grouped around a closed, elongated inner courtyard. Anyone standing with their back to the main building could see the spacious president's lodgings to their right, including the private chapel created for Désiré Mercier. On the other side of the wrought iron gate was the porter's lodge. Finally, on this same side of the garden, against the enclosing wall, the library was located in a building with a characteristic pent-roof.

The whole scene had a peaceful atmosphere. The *Ecole Saint-Thomas d'Aquin*, as the institute was officially called, was designed to be a place of study and reflection. After all, there were vital issues at stake: how could and should the Church relate to modern society and its rationalism? Mercier sought a *modus vivendi*. In 1931, a statue of the institute's founder created by the Polish sculptor Ephrem de Czynia was unveiled between the library and the extension of the main building. It was a grandiose ceremony, in the presence of, among others, the King and Queen, who laid flowers at the foot of the statue. Philosophy was praised as the synthesis of the sciences. (JT)

19

Collège Léon XIII – Laboratoire

Scheikundig laboratorium in het Hoger Instituut voor Wijsbegeerte
Chemistry laboratory in the Higher Institute for Philosophy

Deze foto, waarnaar ook een aquarel bestaat van de hand van Joseph Vindevogel, lijkt wel emblematisch voor een wijdverspreide opvatting over de wetenschapsbeoefening aan de Katholieke Universiteit. Studenten in soutane staan gebogen over een chemische werkbank onder de bescherming van het Kruis. Het geloof dringt binnen in de laboratoria en is de leidraad van het onderzoek.

Niets is echter minder waar. Het laboratorium was ingericht voor de studenten van het Hoger Instituut voor Wijsbegeerte, dat uitdrukkelijk de taak op zich had genomen de confrontatie aan te gaan en uiteraard de verzoening te bewerken tussen wetenschap en geloof. Tot dat doel werden er cursussen gegeven over wiskunde, natuurkunde, scheikunde, kosmologie, biologie, mineralogie, kristallografie, fysiologie, anatomie en 'psycho-fysiologie'. Bij de cursus scheikunde was ook een praktijklaboratorium voorzien. Het college werd gegeven door Désiré Nys, die behalve filosofie en theologie ook wetenschappen had gestudeerd. Hij verbleef enige tijd bij de chemicus (en Nobelprijswinnaar) Wilhelm Ostwald in Leipzig, maar richtte zich in zijn wetenschappelijk werk vooral op de wijsgerige aspecten van materie en ruimte.

Het practicum in het chemisch laboratorium was erg beperkt in opzet. Het betrof vooral de kennismaking met de verschillende materialen en enkele elementaire chemische handelingen. (GV)

This photo, on which a watercolour by Joseph Vindevogel is also based, seems emblematic of a wide-ranging conception of the practice of science at the Catholic University. Cassock-clad students bend over a chemistry workbench under the protection of the Cross. Faith has entered the laboratories and is the guiding principle of research.

In fact, nothing could be further from the truth. The laboratory was equipped for the students of the Higher Institute for Philosophy, who had explicitly taken on the task of engaging in the confrontation, and of course effecting a reconciliation, between science and faith. To that end, courses were given on mathematics, physics, chemistry, cosmology, biology, mineralogy, crystallography, physiology, anatomy and 'psycho-physiology'. A practical laboratory was also provided for the chemistry course. The lectures were given by Désiré Nys, who had studied science as well as philosophy and theology. He stayed for some time with the chemist (and Nobel Laureate) Wilhelm Ostwald in Leipzig, but mainly focused in his scientific work on the philosophical aspects of matter and space.

The practical training in the chemistry laboratory was very limited. It mainly related to discovering the different materials and several elementary chemical operations. (GV)

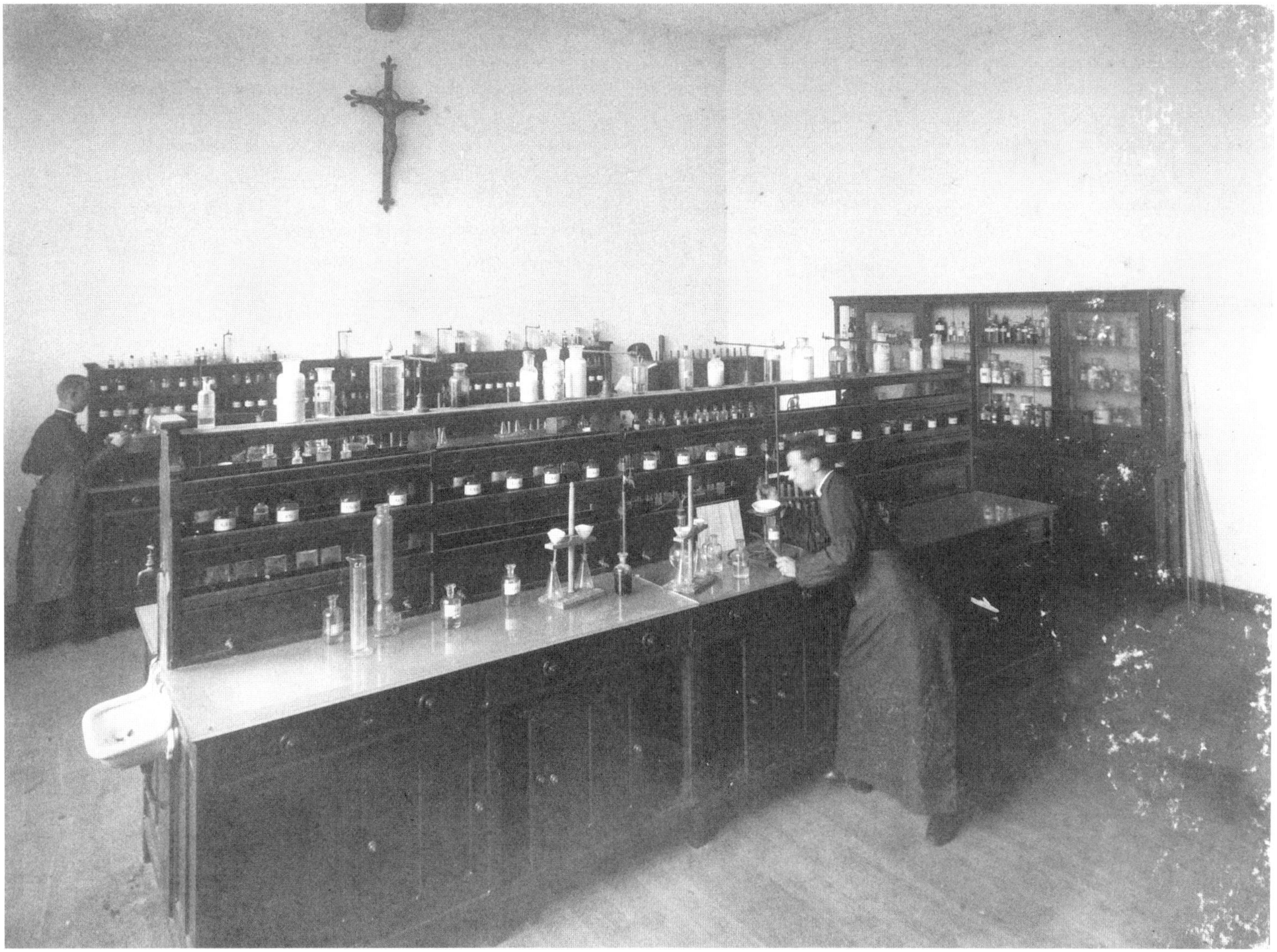

20

Collège Léon XIII – Salle des Périodiques

Tijdschriftenzaal in de Bibliotheek van het Hoger Instituut voor Wijsbegeerte
Periodicals Room in the Library of the Higher Institute for Philosophy

We zien vier seminaristen aan het werk in de bibliotheek van het Hoger Instituut voor Wijsbegeerte. De vele lege planken op de galerij verraden dat de bibliotheek nog jong is.

De keuze van Désiré Mercier de instituutsbibliotheek in een afzonderlijk gebouw te vestigen en haar dus een grote zichtbaarheid te geven typeerde zijn wetenschappelijke ambities. In het professionaliseringsproces van de humane wetenschappen dat zich rond de eeuwwisseling voltrok, nam de bibliotheek een iconische plaats in, vergelijkbaar met die van het laboratorium in de natuurwetenschappen. In België zou dat op een bijzondere manier zichtbaar worden in het nieuwe Brusselse *Institut de Sociologie (Solvay)*. De somptueuze bibliotheek van dat instituut vormde dé centrale ruimte van het moderne gebouw. Alle studiekamers kwamen er op uit. In vergelijking daarmee nam Merciers bibliotheek erg bescheiden proporties aan, ook al gaven de elegante galerij en de gietijzeren elementen het geheel een modern cachet.

Dat Mercier een aparte tijdschriftenzaal voorzag, is eveneens significant. Het vaktijdschrift was een cruciaal onderdeel van de wetenschappelijke infrastructuur die overal in uitbouw was. Elk zichzelf respecterend instituut had een eigen tijdschrift waarin niet alleen nieuw eigen onderzoek in artikelvorm werd gepresenteerd, maar ook publicaties van vakgenoten kritisch werden gerecenseerd. Door ruilabonnementen met tijdschriften uit binnen- en buitenland werden zo bibliotheekcollecties gevormd. In het Leuvense instituut gebeurde dat via de *Revue néo-scolastique*. (KW)

We see four seminarians at work in the library of the Higher Institute for Philosophy. The many bare shelves show that the library is still young.

Désiré Mercier's decision to set up the institute's library in a separate building and thus give it great visibility was typical of his scientific ambitions. In the professionalisation process that was taking place in the humanities around the turn of the century, the library occupied an iconic place, comparable to that of the laboratory in the natural sciences. In Belgium, this would become especially apparent in the new Brussels Institute of Sociology (Solvay). That institute's sumptuous library was the central space of the modern building. All the study rooms led off it. By comparison, the proportions of Mercier's library were very modest, although the elegant gallery and cast iron features gave the whole a modern cachet.

The fact that Mercier planned a separate periodicals room is itself significant. The periodical was a crucial part of the scientific infrastructure that was being developed everywhere. Every self-respecting institute had its own journal, in which new research conducted in-house was presented in article form, and the publications of professional colleagues were subject to critical review. Through cross-subscriptions with journals from Belgium and abroad, library collections were formed. At this institute in Leuven, this was done via the *Revue néo-scolastique*. (KW)

21

Jardin Botanique

Oranjerie en poortgebouw van de Kruidtuin
Orangery and gatehouse of the Botanical Garden

De academische plantentuin was gelegen op het terrein van het voormalige kapucijnenklooster aan de Kapucijnenvoer, dicht bij de faculteit Geneeskunde. De tuin was aanvankelijk eigendom geweest van de Rijksuniversiteit, maar was in 1835 aan het Leuvens stadsbestuur overgedragen. Het stadsbestuur stelde de *hortus* echter ter beschikking van de nieuwe universiteit, voor het onderwijs in de plantkunde.

Aanvankelijk vormde de botanische tuin het werkterrein voor studenten en professoren van de medische faculteit. Omstreeks 1900 maakten vooral studenten van het Landbouwinstituut en doctoraatsstudenten van het Carnoy-Instituut van de tuin gebruik. Zij kwamen er in de eerste plaats om de 'Botanische School' te bestuderen. Onder die naam duidden zij de systematisch volgens soorten en geslachten (*species* en *genera)* geordende en gelabelde plantenbedden aan, die op de voorgrond te zien zijn. Niettemin verdween de encyclopedische inventarisatie juist in deze tijd als belangrijkste onderzoeksmethode; de nadruk kwam steeds meer te liggen op microscopisch en experimenteel onderzoek. Het laboratorium en de onderzoeksserre verdrongen stilaan de *hortus* als vooraanstaande plaats voor botanisch onderzoek.

Ook het grote publiek was welkom in de 'Kruidtuin', zolang de bezoekers maar geen bloemen of vruchten plukten, of de tuin op een andere manier schade toebrachten. De hoofdtuinman of *chef de culture*, die het poorthuis bewoonde dat op de foto uiterst rechts te zien is, bewaakte de toegang. Hij nam ook plantenstalen voor studenten die daarom verzochten. (LD)

The academic botanical garden was situated on the site of the former Capuchin monastery on Kapucijnenvoer, near the Faculty of Medicine. The garden had originally belonged to the State University, but was transferred to the Leuven civic authorities in 1835. However, the civic authorities made the garden available to the new university, for instruction in botany.

Initially, the botanical garden was a working environment for students and professors of the Medical Faculty. By around 1900, it was mainly students of the Agricultural School and doctoral students from the Carnoy Institute that made use of the garden. They went there primarily in order to study the 'Botanical School'. This was the name used for the plant beds that can be seen in the foreground, which were systematically arranged and labelled by species and genus. However, it was at precisely this time that encyclopaedic cataloguing was dying out as the most important research method; the emphasis was increasingly being placed on microscopic and experimental research. The laboratory and the research greenhouse gradually supplanted the garden as the preeminent locus for botanical research.

The general public was also welcome in the Botanical Garden, provided the visitors did not pick any flowers or fruits, or cause any other damage to the garden. The head gardener or *chef de culture*, who lived in the gatehouse that can be seen on the far right of the photo, oversaw access. He also took plant samples for students who so requested. (LD)

22

Jardin Botanique

Oranjerie van de Kruidtuin
Orangery of the Botanical Garden

Het centrale punt van de 'Kruidtuin', zoals de *hortus* steevast door de Leuvenaars werd genoemd, was de statige oranjerie met haar twee halfronde serres en hun half-kegelvormige overkapping. Het gebouw, ontworpen door Charles van der Straeten, dateerde van 1820 en was een typisch product van de strakke, laatclassicistische architectuur die in die jaren *en vogue* was. De witbepleisterde, met natuursteen afgewerkte muren, de gevel met rondbogen en de beide toegangsdeuren met hun Palladiaanse motief (waarvan er een te zien is rechts op de foto) maakten indruk op de bezoekers. Het oostelijk gedeelte van de oranjerie (achteraan op de foto) was overdekt met een driehoekig glazen dak. Hieronder huisde de palmencollectie van de botanische tuin.

De serres waren typische constructies met een skeletbouw in glas en ijzerwerk. Ze werden net zoals het hoofdgebouw 's winters verwarmd. Op de foto is een van de beide serres afgedekt tegen de kou. Voor het Leuvense stadsbestuur betekende de verwarming van het gebouw een grote hap uit het jaarbudget. In de vergaderingen van het bevoegde comité was de steenkool verslindende oranjerie met de regelmaat van een klok het voorwerp van heftige woordenwisselingen. (LD)

The central point of the 'Herb Garden', as the garden was invariably called by the people of Leuven, was the magnificent orangery with its two semicircular greenhouses with hemispherical roofs. The building, designed by Charles van der Straeten, dated from 1820 and was a typical product of the austere late Classical architecture that was in vogue during that period. The whitewashed walls finished with natural stone, the façade with arches and the two entrance doors with their Palladian motif (one of which can be seen on the right in the photo) made an impression on visitors. The eastern section of the orangery (at the back in the photo) was covered with a triangular glass roof, beneath which the botanical garden's palm collection was housed.

The greenhouses were typical structures with a skeleton of glass and ironwork. They were heated during the winter just like the main building. In the photo, one of the two greenhouses is covered to protect it against the cold. The heating of the building represented a considerable chunk out of the annual budget for the Leuven civic authorities. At the meetings of the relevant committee, the coal-guzzling orangery was the subject of fierce exchanges with the regularity of clockwork. (LD)

23

Jardin Botanique – Serre

Orchideeënkas in de Kruidtuin
Orchid House in the Botanical Garden

De Orchideeënserre bevond zich rechts van het hoofdgebouw. Zij was een vrij kleine, lange broeikas (dertig op vijf meter), met bakstenen muren en een glazen dak. Na een zware storm in 1887 moest het glazen gewelf met ijzeren bogen worden gestut. De kas was onderverdeeld in drie verwarmde compartimenten. Aan weerszijden van de broeikas stonden gemetselde banken op schofthoogte, waarop potplanten stonden.

De bezoeker kon hier Kentiapalmen, Chamaeropspalmen en vogelbekbloemen vinden. Maar het overgrote deel van de kas werd ingenomen door een bonte, geurige kleurenzee van orchideeën. Ruim honderdtwintig verschillende variëteiten stonden er naast elkaar opgesteld. De bizarre, ranke bloem met haar bijna microscopisch kleine zaden fascineerde botanische geleerden als de grote Charles Darwin. Omstreeks het midden van de negentiende eeuw was de orchidee voor het eerst met succes kunstmatig tot kieming gebracht. Hierop volgde een heuse orchideeënrage, niet alleen bij botanici, maar ook bij amateurtuiniers. Wetenschappelijke en esthetische motieven en ambities geraakten geheel en al verstrengeld. (LD)

The Orchid House was to the right of the main building. It was a fairly small, long glasshouse (thirty metres by five), with brick walls and a glass roof. After a heavy storm in 1887, the glass vaulting had to be supported with iron arches. The hothouse was divided into three heated compartments. On either side of the hothouse were brick-built benches at shoulder height, on which pot plants stood.

The visitor could find kentia palms, chamaerops palms and bird of paradise flowers there, but most of the hothouse was occupied by the orchids: a bright, aromatic sea of colours. Over a hundred and twenty different varieties grew side by side there. The bizarre, slender flowers with their almost microscopically tiny seeds fascinated botanical scholars such as the great Charles Darwin. Around the mid-nineteenth century, the orchid was successfully germinated under artificial conditions for the first time. There followed a veritable orchid craze, not just among botanists, but among amateur gardeners too. Scientific and aesthetic motives and ambitions became closely interwoven. (LD)

24

Jardin Botanique – Serre

Palmenkas in de Kruidtuin
Palm House in the Botanical Garden

Palmen waren een absolute *must* in de negentiende-eeuwse botanische tuin. Overal in Europa waren botanische tuinen uitgerust met hoge glazen palmenhuizen; het fameuze victoriaanse *Palm House* in Kew nabij Londen, de eerste grote, tropische serre, gebouwd tussen 1840 en 1844, stond model. De palmen met hun sierlijke waaiervormige of geveerde bladeren riepen visioenen op van verre exotische bestemmingen. Het aanleggen van een verzameling van gigantische en oude palmen was dan ook een zaak van prestige, eerder dan een wetenschappelijke vereiste. Omstreeks 1900 verzorgde de Leuvense *hortus* ongeveer vierhonderdvijftig verschillende palmensoorten.

De Leuvense palmen zorgden nochtans ook voor heel wat problemen. Ze bleven maar groeien, en de hoogte van de serres en oranjerie was beperkt. In 1852 was al het oostelijk deel van het dak verhoogd en was de oranjerie verbouwd tot een heus palmarium met glazen dak. Desondanks had het stadsbestuur in 1882 een aantal reusachtige palmen moeten wegschenken. Omstreeks 1900 stond het palmenhuis alweer op het punt om uit zijn voegen te barsten. (LD)

Palms were an absolute must in the nineteenth-century botanical garden. All over Europe, botanical gardens were equipped with tall glass palm houses; the model for these was the famous Victorian Palm House at Kew near London, the first large tropical glasshouse, constructed between 1840 and 1844. With their ornamental fanlike or feathery leaves, the palms conjured up visions of remote and exotic locations. The establishment of a collection of gigantic old palms was therefore a matter of prestige rather than a scientific requirement. In around 1900, the Leuven gardens had some four hundred and fifty different palm species.

However, Leuven's palms also presented numerous problems. They kept on growing, and the height of the glasshouses and orangery was limited. As early as 1852, the eastern section of the roof was raised, and the orangery was converted into a proper palmarium with a glass roof. Despite this, the civic authorities had to give away a number of huge palms in 1882. By around 1900, the palm house was once again on the point of bursting at the seams. (LD)

25

Jardin Botanique – Serre

Serre in de Kruidtuin
Glasshouse in the Botanical Garden

De aantrekkingskracht van de botanische tuin schuilde niet alleen in de plantenrijkdom die de bezoeker er kon aantreffen. Ook de architectuur van de serres fascineerde en verbaasde. De combinatie van glas en ijzer, die de serres deelden met overdekte winkelgalerijen, expositiehallen en stations, gaf de kassen een modern uitzicht. Alphonse Balat liet in de jaren 1870 de Koninklijke Serres van Laken verrijzen, een complex van koepelvormige gebouwen en galerijen waarin het nieuwe architecturale meesterschap zich ten volle openbaarde: de *art nouveau* werd er geboren. De Leuvense stadsarchitect Jacques Frische, die ook voor de Kruidtuin verantwoordelijk was, maakte veelvuldig gebruik van ijzerconstructies, zoals meest opmerkelijk bij de nu verdwenen overdekte vismarkt.

In de serres was een 'spel van doorkijk en reflecties' werkzaam dat de negentiende-eeuwse burger bekoorde en dat hij met graagte kopieerde. In steeds meer stadswoningen werden *jardins d'hiver* opgetrokken, in glas en ijzer. De burger droomde er weg, in een broeierige atmosfeer. In 1889 publiceerde Maurice Maeterlinck de bundel *Serres chaudes*, doortrokken met symbolistische en decadente motieven. Wie omstreeks 1900 de serres van de Leuvense botanische tuin betrad, droeg een hele cultuur met zich mee. (JT)

The botanical garden's attraction lay not just in the abundance of plant life that the visitor could find there. The architecture of the glasshouses was also a source of fascination and astonishment. The combination of glass and iron, which the glasshouses shared with covered shopping galleries, exhibition halls and stations, gave them a modern appearance. In the 1870s, Alphonse Balat had the Royal Glasshouses of Laken constructed, a complex of dome-shaped buildings and galleries in which the new architectural mastery was fully on display: *art nouveau* was born. The Leuven city architect Jacques Frische, who was also responsible for the Botanical Garden, made extensive use of iron structures, most remarkably in the now vanished covered fish market.

In the glasshouses, an 'interplay of vistas and reflections' was at work that the nineteenth-century bourgeoisie found charming and liked to copy. In increasing numbers of residential properties in the city, *jardins d'hiver* were erected in glass and iron. There, the bourgeois could daydream in a sultry atmosphere. In 1889, Maurice Maeterlinck published the collection *Serres chaudes*, which was full of symbolist and decadent motives. Anyone entering the glasshouses of Leuven's botanical garden in around 1900 was carrying cultural baggage. (JT)

26

Jardin Botanique – Serre

Oranjerie van de Kruidtuin (binnenaanzicht)
Orangery of the Botanical Garden (interior view)

In de verwarmde oranjerie van de Leuvense *hortus* vonden exotische en vorstgevoelige potplanten beschutting tegen de winterkou. Het verwarmingssysteem bestond uit een netwerk van buizen die heet water rondpompten. In de zomer werden de planten opnieuw buiten geplaatst of uitgeplant.

Op de foto zijn vooral kleine sinaasappelbomen te zien. Deze bevallige boompjes met hun zuiders zoete vruchten waren al sinds de zestiende eeuw een vaste waarde in private en botanische tuinen. Hier ligt ook de oorsprong van de 'oranjerie': dit was sinds de zeventiende eeuw de naam van het winterverblijf dat welgestelde tuinliefhebbers in het Noorden voor hun kostbare collectie oranjeboompjes lieten optrekken. De *Orangerie* die Jules Hardouin-Mansart in 1684 voor het paleis van Versailles ontwierp, bevatte de verzameling van drieduizend sinaasappelbomen die Lodewijk XIV bezat.

De Leuvense *hortus* deelde met zijn eigen verzameling sinaasappelboompjes dus in een eeuwenoude botanische traditie. Citrusbomen stonden symbool voor weelde en waren in de negentiende-eeuwse botanische tuin even onmisbaar als palmen en orchideeën. Een oranjerie was een pronkgebouw. (LD)

In the heated orangery of the Leuven gardens, exotic and frost-sensitive pot plants were protected against the winter cold. The heating system consisted of a network of pipes around which hot water was pumped. In the summer, the plants were taken outside or planted out again.

Small pineapple trees are particularly in evidence in the photo. These graceful trees with their sweet southern fruits had already been a constant element in private and botanical gardens since the sixteenth century. This was also the origin of the 'orangery': from the seventeenth century, this was the name given to the winter quarters that prosperous amateur gardeners in the northern hemisphere constructed for their precious collection of orange trees. The *Orangerie* that Jules Hardouin-Mansart designed in 1684 for the palace at Versailles contained the collection of three thousand pineapple trees owned by Louis XIV.

The Leuven garden thus followed an old botanical tradition with its collection of pineapple trees. Citrus trees symbolised opulence, and were as indispensable an element of the nineteenth-century botanical garden as palms and orchids. An orangery was a showcase building. (LD)

27

Auditoire de Chimie générale

Auditorium voor Algemene Scheikunde
Auditorium for General Chemistry

In 1895 verzocht rector Jan Baptist Abbeloos, die zich rekenschap gaf van de materiële behoeften van het wetenschappelijk onderzoek, de bisschoppen om buitengewone middelen voor de oprichting van een nieuw auditorium voor algemene scheikunde. De oude gehoorzaal, die in 1837 was ingericht voor tweehonderd studenten, was door het gestegen aantal studenten immers te klein geworden. Louis Henry, befaamd hoogleraar in de scheikunde, klaagde meermaals bij de academische overheid dat hij tijdens zijn colleges door overbezetting niet langer afwezigen kon noteren. Normaal gezien hadden studenten in auditoria vaste plaatsen, zodat absentie meteen kon worden opgemerkt. Zelfs de trappen waren bezet, aldus Henry.

Uiteindelijk werd in 1896 met het oog op het toenemend belang van praktijkgericht onderwijs een modern auditorium met gradinen in gebruik genomen in het Maria-Theresiacollege. Er hoorde didactisch materiaal bij. Vooraan, op de *table d'expériences*, stonden onder meer flacons reagentia met geëmailleerde etiketten. Het auditorium was nu ook met gas- en waterleidingen toegerust. (SO)

In 1895, Rector Jan Baptist Abbeloos, accounting for the material requirements of scientific research, asked the bishops for extraordinary funds for the establishment of a new auditorium for general chemistry. The old auditorium, which had been fitted out for two hundred students in 1837, had become too small due to increases in student numbers. Louis Henry, the famous professor of chemistry, complained on several occasions to the academic authorities that due to overcrowding during his lectures he was no longer able to keep a record of absences. Normally, students had fixed places in auditoria, so that their absence could be identified immediately. Students even sat on the steps, according to Henry.

Eventually, in 1896, in view of the increasing importance of practice-based instruction, a modern tiered auditorium was brought into use in Maria-Theresa College with associated teaching equipment. At the front, on the *table d'expériences*, among other items there stood flasks of reagents with enamelled labels. The auditorium was now also equipped with gas and water pipes. (SO)

28

Laboratoire de Chimie - Doctorat

Laboratorium voor de doctoraatsstudenten in de scheikunde
Laboratory for doctoral students in chemistry

Tijdens een studieverblijf in Duitsland besefte Louis Henry dat in België het al te theoretische onderwijs in de chemie dringend moest worden hervormd. Hij pleitte voor de invoering van practica, specialisatie en persoonlijk wetenschappelijk onderzoek in de vorm van een eindverhandeling. Begin maart 1871 stelde de faculteit Wetenschappen zes aparte richtingen in waarin een doctoraatstitel kon worden behaald, waaronder scheikunde.

Henry richtte het eerste onderzoekslaboratorium op aan de Leuvense universiteit waarin vorsers aan onderzoek konden doen. Maar het diende tevens als instructielaboratorium, waar studenten practica konden volgen. Er was plaats voor acht studenten, die elk een jaarlijkse bijdrage van honderd frank betaalden. De studenten hoefden de laboratoriuminstrumenten niet zelf aan te kopen, ze kregen die gratis beschikbaar gesteld. Kasten waarin onder meer collecties flacons met de verschillende stadia van een synthese in uitvoering waren uitgestald, hadden een didactisch opzet. Het kruisbeeld aan de muur beklemtoonde de religieuze inspiratie van de instelling: voor de Katholieke Universiteit was het van primordiaal belang dat de wetenschap het geloof niet zou schaden. (SO)

During a study trip to Germany, Louis Henry realised that chemistry teaching in Belgium, which was too theoretical, was in urgent need of reform. He called for the introduction of practicals, specialisation and personal scientific research in the form of a final dissertation. In early March 1871, the Faculty of Science instituted six separate subjects in which a doctorate could be obtained, including chemistry.

Henry set up the first laboratory in the University of Leuven in which research could be carried out. However, it also served as a teaching laboratory, where students could attend practicals. There was space for eight students, each of whom paid an annual fee of a hundred francs. The students did not have to buy the laboratory instruments themselves: they were made available to them free of charge. Cupboards in which, among other things, collections of flasks showing the different stages of a synthesis were displayed, had a didactic purpose. The crucifix on the wall emphasised the institution's religious inspiration: for the Catholic University, it was vital that science should not harm faith. (SO)

29

Laboratoire de Chimie analytique

Laboratorium voor Analytische Scheikunde in het Pauscollege
Laboratory for Analytical Chemistry in Pope's College

In 1865 werden aan de Leuvense universiteit de Speciale Scholen opgericht. Ze behoorden tot de faculteit Wetenschappen, waren ondergebracht in het Maria-Theresiacollege en dienden – steeds in een katholiek perspectief – voor de opleiding van ingenieurs. Het curriculum bestond uit hoorcolleges, laboratoriumpractica en excursies naar fabrieken en bouwplaatsen.

De Duitse hoogleraar Godefroid Charles Blas, die in 1866 op advies van Louis Henry was aangetrokken, gold als één van de grondleggers. Van 1867 tot 1912 onderwees hij de analytische scheikunde zowel in de faculteiten Wetenschappen en Geneeskunde als in de Speciale Scholen. Blas was de oprichter van het Laboratorium voor Analytische Scheikunde, het eerste universiteitslaboratorium waar studenten werden geïnitieerd in de elektrochemische analyse. Aanvankelijk was dit laboratorium ondergebracht in drie vertrekken op de benedenverdieping achter in het Pauscollege; later verhuisde het naar een ruime zaal met uitzicht op het Hogeschoolplein op de tweede verdieping van het college.

Blas, die wegens zijn beperkte kennis van het Frans aanvankelijk nog in het Latijn doceerde, was net als Henry een voorstander van praktijkgericht onderricht. Van de studenten werd onder meer verwacht dat ze tijdens de proeven aantekeningen maakten. (SO)

In 1865, the Special Schools were established at the University of Leuven. They belonged to the Faculty of Science, were housed in Maria-Theresa College and served – always in a Catholic perspective – for the training of engineers. The curriculum consisted of lectures, laboratory practicals and excursions to factories and building sites.

The German professor Godefroid Charles Blas, recruited in 1866 on the advice of Louis Henry, was regarded as one of the pioneers. From 1867 to 1912 he taught analytical chemistry both in the faculties of Science and Medicine and in the Special Schools. Blas was the founder of the Laboratory for Analytical Chemistry, the first university laboratory in which students were initiated in electrochemical analysis. At the beginning this laboratory was housed in three ground floor rooms at the rear of Pope's College; later it moved to a spacious room with a view over Hogeschoolplein on the second floor of the college.

Due to his limited knowledge of French, Blas still taught in Latin. Like Henry, he was an advocate of practice-based instruction. Among other things, the students were expected to take notes during experiments. (SO)

30

Laboratoire de Chimie analytique

Laboratorium voor Analytische Scheikunde in het Pauscollege
Laboratory for Analytical Chemistry in Pope's College

Godefroid Charles Blas liet niet na de rector om extra middelen te verzoeken voor bijkomend laboratoriumpersoneel; aanvankelijk deed de conciërge van de Speciale Scholen ook dienst als loopjongen (*garçon de laboratoire*) in Blas' laboratorium. Daarnaast werden bijkomende middelen gevraagd voor de aankoop van studiemateriaal (naslagwerken, handboeken, tijdschriften en dergelijke) en vooral voor de aanschaf van nieuwe wetenschappelijke instrumenten, volgens Blas *exigés par les progrès de la science*.

Laboratoriumapparatuur was vaak van Duitse makelij vanwege haar wijdverbreide reputatie van degelijkheid. In 1881 schreef Blas de rector aan in verband met de aankoop van een spectroscoop, apparatuur voor polarisatie, gasanalyse, dosering van koolzuurgas en de analyse van goud en zilver, een gasoven en een porseleinoven, een blaasbalg, een pyrometer en een galvanometer (om kleine elektrische stromen te meten). Vele laboratoria bezaten een erg kostbare inboedel, waaronder tal van instrumenten in platina en koper, bijvoorbeeld koperen gashouders of koperen bekkens voor verdamping en distillatie. (SO)

Godefroid Charles Blas did not fail to ask the rector for extra funds for additional laboratory staff; initially, the concierge of the Special Schools also served as a laboratory boy (*garçon de laboratoire*) in Blas' laboratory. Additional resources were also requested for the purchase of study materials (reference works, manuals, journals and so on) and above all for the purchase of new scientific instruments, which according to Blas were *exigés par les progrès de la science*.

Laboratory apparatus was often of German make due to its widespread reputation for reliability. In 1881 Blas wrote to the rector about the purchase of a spectroscope, apparatus for polarisation, gas analysis, the dosing of carbon dioxide and the analysis of gold and silver, a gas oven and a porcelain oven, a bellows, a pyrometer and a galvanometer (for measuring small electrical currents). Many laboratories possessed very expensive items, including numerous instruments made of platinum and copper, such as copper gasholders or copper basins for evaporation and distillation. (SO)

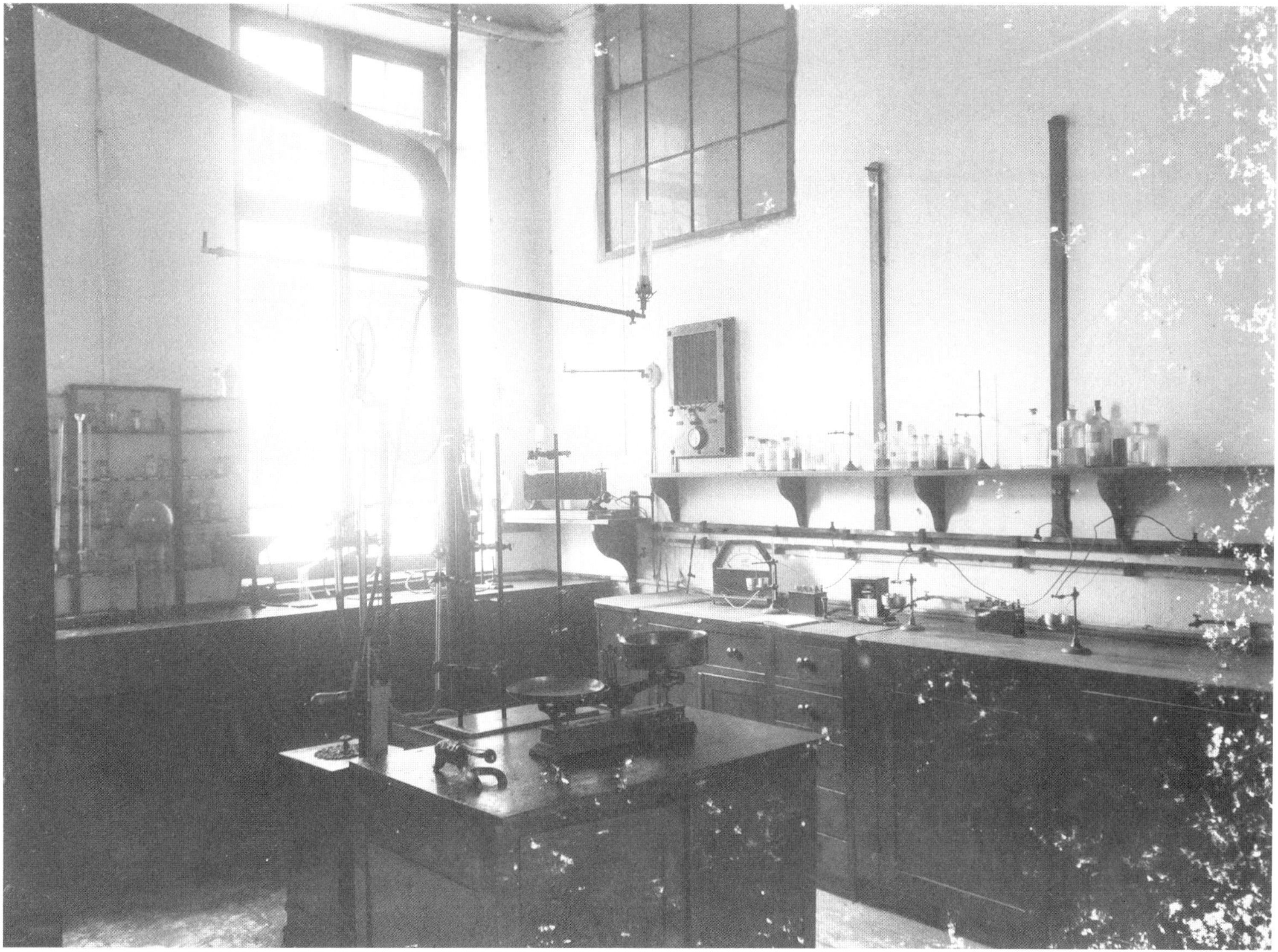

31

Auditoire de Chimie industrielle

Auditorium voor Industriële Scheikunde in het Maria-Theresiacollege
Auditorium for Industrial Chemistry in Maria-Theresa College

François de Walque lag – net als Godefroid Charles Blas – aan de basis van de organisatie van de Speciale Scholen. De Walque studeerde af aan de Luikse universiteit als mijningenieur en doceerde scheikunde en metaalkunde aan de Luikse *Ecole Industrielle*, toen de Leuvense rector hem in 1866 een professoraat in de scheikunde aanbood. De nieuwe docent legde zich toe op de industriële scheikunde. Hij zou één van de meest populaire professoren van de Leuvense universiteit worden.

Het onderwijs van De Walque was sterk praktijkgericht, zodat tijdens het academisch jaar 1868–1869 in het Maria-Theresiacollege een Laboratorium voor Industriële Scheikunde werd ingericht. Het bijbehorende auditorium voor de cursus industriële chemie bevatte wandplaten met technische tekeningen van toestellen op grote schaal om tijdens de lessen te tonen en de theorie aanschouwelijk te maken, net als modellen van industriële apparaten en chemische producten in verschillende fabricatiefasen.

Een les duurde anderhalf uur. Studenten namen plaats voor de komst van de hoogleraar; tijdens het college waren stilte en discipline gewenst. (SO)

François de Walque was – like Godefroid Charles Blas – one of the key figures behind the organisation of the Special Schools. De Walque graduated from the University of Liège as a mining engineer, and was teaching chemistry and metallurgy at Liège's *Ecole Industrielle* when the rector of Leuven offered him a chair in chemistry in 1866. The new lecturer focused on industrial chemistry, and was to become one of the most popular professors of the University of Leuven.

De Walque's instruction was heavily practice-oriented, so that during the academic year 1868 to 1869, a Laboratory for Industrial Chemistry was established in Maria-Theresa College. The associated auditorium for the course in industrial chemistry contained wall charts with large-scale technical drawings of devices that could be shown during classes so as to make the theory clear, as well as models of industrial apparatus and chemicals at different stages of production.

A class lasted an hour and a half. Students went to their places before the professor arrived; during the lecture, quiet and discipline were expected. (SO)

32

Laboratoire de Chimie industrielle

Laboratorium voor Industriële Scheikunde in het Maria-Theresiacollege
Laboratory for Industrial Chemistry in Maria-Theresa College

De oprichting van de Speciale Scholen had tot doel om een katholiek kader van ingenieurs te vormen die de christelijke waarden konden verspreiden in de industriële milieus. Het onderwijs werd deels verzorgd door hoogleraren uit de faculteit Wetenschappen, deels door nieuw benoemde docenten, bij voorkeur met ervaring in de industrie. De mijningenieur Felix Krans was diensthoofd geweest bij de hoogovens van Cockerill. Ook Joseph Micha, die machinebouw onderwees, had bij Cockerill gewerkt. François de Walque, belast met het onderwijs in de industriële scheikunde (en industrieel recht), had stage gelopen in de zinkfabriek van Vieille Montagne in Obershausen.

De Walque was in Leuven directeur van het Laboratorium voor Industriële Scheikunde en het didactisch Laboratorium voor Chemische Manipulaties, beide ondergebracht in het Maria-Theresiacollege. Hoewel praktische oefeningen in de scheikunde al van bij de oprichting van de Speciale Scholen op het programma stonden van de ingenieursstudenten, werden deze voor de kandidaatsopleiding in de wetenschappen en de farmacie pas verplicht door de wet van 1876. (GV)

The purpose of the Special Schools was to form a Catholic corps of engineers who could spread Christian values in industrial circles. Instruction was partly provided by professors from the Faculty of Science, and partly by newly appointed lecturers, preferably with industrial experience. The mining engineer Felix Krans had been a head of department at the Cockerill blast furnaces. Joseph Micha, who taught mechanical engineering, had also worked at Cockerill. François de Walque, who was responsible for teaching industrial chemistry (and industrial law), had undergone an apprenticeship at the Vieille Montagne zinc factory in Obershausen.

In Leuven, De Walque was director of the Laboratory for Industrial Chemistry and the teaching Laboratory for Chemical Operations, both of which were housed in Maria-Theresa College. Although practical exercises in chemistry had been part of the curriculum for engineering students right from the foundation of the Special Schools, these were only made a requirement for the first degree course in science and pharmacy by the law of 1876. (GV)

33

Auditoire de Physique

Auditorium voor Natuurkunde in het Premonstreitcollege
Auditorium for Physics in the Premonstratensian College

Het onderwijs in de natuurkunde maakte vaak gebruik van demonstratieproeven. Daarvoor was een hoog podium opgericht (op de foto valt ook een proscenium met trap te zien), waarop een zware tafel met marmeren blad stond, het 'druïdenaltaar'. De stevigheid van de constructie diende ervoor te zorgen dat de trillingen van de omgeving de proeven niet konden verstoren. Verder was in aanvoer van water en gas voorzien en er was een elektrisch verdeelbord. Vooral met de aanstelling van kanunnik Stanislas Demanet in 1891 kreeg het onderwijs in de experimentele fysica een stevige onderbouwing in Leuven. De lessen liepen overigens wel eens uit de hand. Tijdgenoten schreven dat het onderwijs 'schilderachtig en soms woelig' verliep. Vooral bij optische proeven, wanneer de zaal grotendeels werd verduisterd, was de orde moeilijk te handhaven.

Hoewel er geen absolute zekerheid over bestaat, was het mogelijk in dit lokaal (het *Musée de Physique*) dat op 13 november 1895 een privévertoning plaatsvond van de eerste films van de gebroeders Lumière voor de Leuvense afdeling van de Association belge de Photographie, nog vóór de publieke vertoningen een aanvang namen in Parijs. (GV)

Physics teaching often involved the use of demonstration experiments. For these, a high podium was set up (in the photograph a proscenium with stairs can also be seen), on which stood a heavy table with a marble top, the 'druids' altar'. The sturdiness of its structure ensured that ambient vibrations could not disturb the experiments. Water and gas supplies were also provided, and there was an electrical distribution board. Particularly after the appointment of Canon Stanislas Demanet in 1891, education in experimental physics gained solid foundations in Leuven. Classes also got out of hand on occasion, however. Contemporaries wrote that the classes were 'colourful and sometimes rowdy'. Particularly during optical experiments, when the room was largely darkened, order was hard to maintain.

Although there is no absolute certainty about this, it was possibly in these premises (the *Musée de Physique*) that on 13 November 1895 a private screening took place of the first films of the Lumière brothers for the Leuven section of the Association belge de Photographie, even before public viewings began in Paris. (GV)

34

Laboratoire de Physique

Natuurkundig Laboratorium in het Premonstreitcollege
Physics Laboratory in the Premonstratensian College

Vanaf 1885 werd in Leuven onder impuls van de jonge Albert van Biervliet met een opleiding in de fysische laboratoriumpraktijk gestart. Deze opleiding richtte zich vooral tot studenten in de geneeskunde, voor wie het geduldig opmeten van fysische parameters en de registratie van fysische verschijnselen bijzonder belangrijk werd geacht. De practica werden later ook georganiseerd voor de ingenieursstudenten en de toekomstige landbouwingenieurs.

De nadruk lag op het bepalen van de dichtheid van gassen en vloeistoffen, de bouw en ijking van thermometers, en de studie van de fundamentele wetten van elektriciteit en optica, in het bijzonder de microscoop en de spectraalanalyse. De laboratoriumuitrusting bestond uit eenvoudige houten tafels, waarschijnlijk stevig vastgemaakt op de plankenvloer en elk voorzien van een gasleiding. Elektrische stopcontacten zouden pas in 1922 worden geïnstalleerd. De toestellen werden in het atelier van het Instituut voor Natuurkunde vervaardigd, niet alleen om de kosten te drukken, maar ook omdat ze, anders dan wetenschappelijk instrumenten, niet zozeer grote nauwkeurigheid moesten mogelijk maken, dan wel bestand zijn tegen het ruwe gebruik ervan door onervaren studenten. (GV)

From 1885, a start was made on training in physics laboratory practice in Leuven, at the instigation of the young Albert van Biervliet. This training was mainly aimed at students in medicine, for whom the patient measurement of physical parameters and recording of physical phenomena was regarded as particularly important. Later on, the practicals were also organised for engineering students and future agronomists.

The emphasis was on determining the density of gases and fluids, the construction and calibration of thermometers, and the study of the fundamental laws of electricity and optics, particularly the microscope and spectral analysis. The laboratory equipment consisted of simple wooden tables, probably secured firmly to the wooden floor, and each with its own gas line. Electrical sockets would not be installed until 1922. The apparatus was produced in the workshop of the Institute for Physics, not just in order to keep costs down, but also because, unlike scientific instruments, it needed less to ensure great accuracy than to be resistant to rough handling by inexperienced students. (GV)

35

Laboratoire de Physique

Natuurkundig Laboratorium in het Premonstreitcollege
Physics Laboratory in the Premonstratensian College

Het op deze foto getoonde laboratorium was wellicht het laboratorium van de hoogleraar en de meer gevorderde studenten. Achteraan is door de geopende deur een kleine studeerkamer met boekenkast te zien, die één geheel lijkt te vormen met het laboratorium. De opstelling van de kasten en muurplanken aan de linkermuur doet dienst als werkbank. Ook aan de vensters zijn extra verstevigde werkbladen aangebracht. De tafel in het midden is versterkt om de stabiliteit te verhogen. Het stenen tafelblad is bedekt met een marmeren plaat. Deze tafel werd waarschijnlijk gebruikt voor technische werkzaamheden, zoals het vervaardigen van glazen recipiënten.

Op de tafels zijn allerhande instrumenten uitgestald ter gelegenheid van het bezoek van de fotograaf. De tentoongestelde toestellen zijn niet gericht op demonstratieproeven, maar op nauwkeurig onderzoek en meting. Behalve fysische instrumenten zijn ook enkele werktuigen zichtbaar, zoals de twee Engelse sleutels bij de schuin tentoongestelde calorimeter (een toestel voor het meten of vergelijken van warmtehoeveelheden) aan het eerste venster. (GV)

The laboratory shown in this photograph may have been the laboratory of the professor and the more advanced students. At the rear, through the open door, can be seen a small study with a bookcase, which seems to belong with the laboratory. The arrangement of cupboards and shelves on the left-hand wall serves as a workbench. Extra reinforced worktops have also been installed at the windows. The table in the middle is reinforced in order to increase its stability. The stone table top is covered with a marble slab. This table was probably used for technical activities, such as making glass receptacles.

All kinds of instruments are specially laid out on the tables for the photographer's visit. The exhibited devices are intended not for demonstration experiments but for accurate research and measurement. As well as physics instruments, a number of tools are also visible, such as the two adjustable spanners near the calorimeter (a device for measuring or comparing heat quantities), shown at an angle at the first window. (GV)

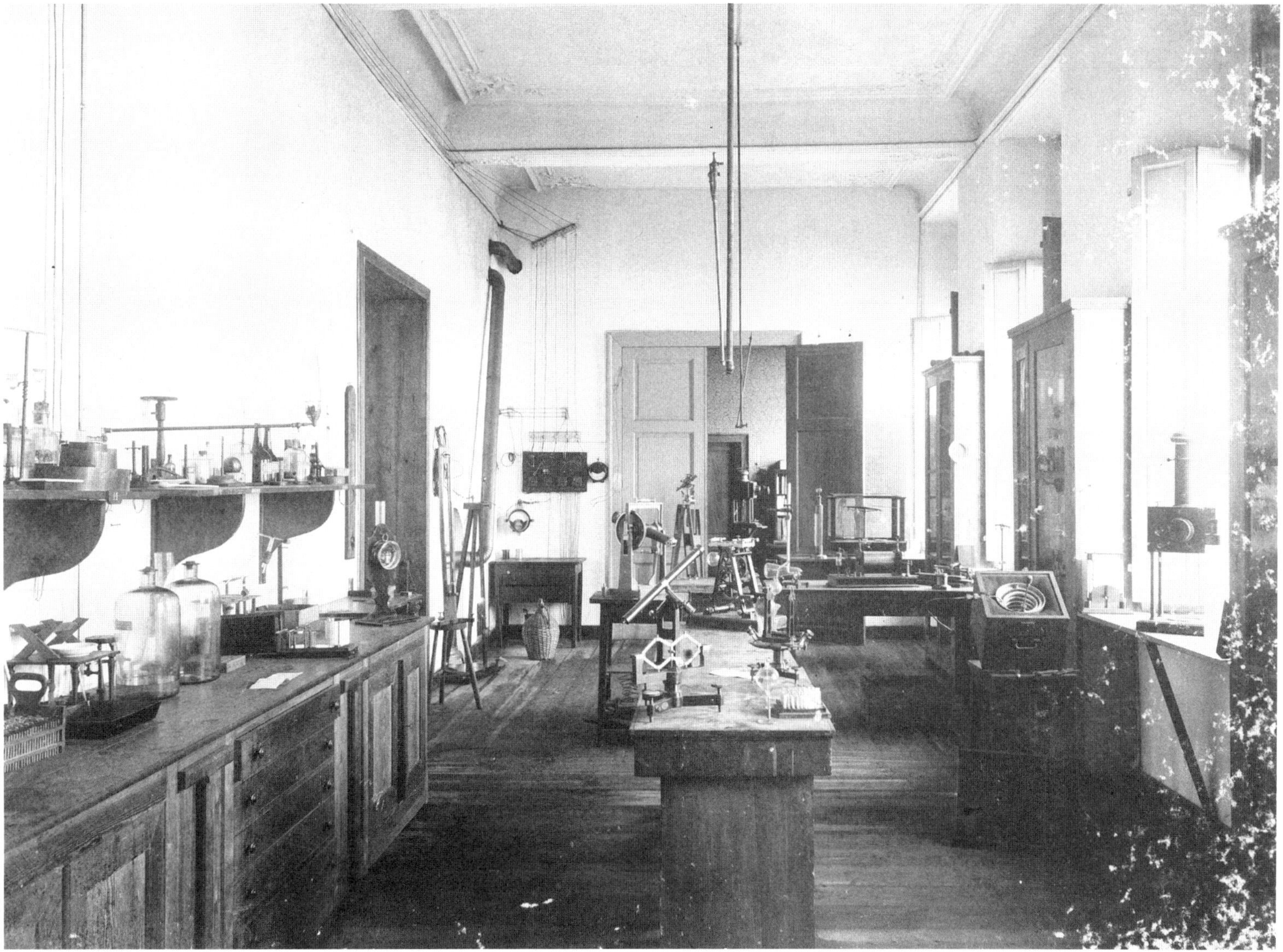

36

Cabinet de Physique

Natuurkundig Kabinet in het Premonstreitcollege
Physics Laboratory in the Premonstratensian College

Sinds de opening van de Rijksuniversiteit Leuven in 1817 was het onderwijs in de natuurkunde ondergebracht in het achttiende-eeuwse Premonstreitcollege aan de Naamsestraat. In de beginjaren woonde de hoogleraar natuurkunde in het college, maar op het einde van de negentiende eeuw was dat niet meer het geval. In het gebouw waren aanvankelijk ook de mineralogische en de botanische collecties gehuisvest. De natuurkundige verzameling was verdeeld over twee zalen op de eerste verdieping en bevatte vooral toestellen voor demonstratieproeven. Het grootste gedeelte had betrekking op de mechanica, de optica, de akoestiek, de astronomie, de elektriciteitsleer en de warmteleer. Gemakkelijk te herkennen zijn de schroef van Archimedes en de grote elektriseermachines met glazen schijf. De kasten noch de toestellen dragen opschriften of nummering. Opmerkelijk is het verlichtingspunt achteraan in de zaal: een luster met drie elektrische gloeilampen.

De inrichting van de zaal was uitsluitend bedoeld voor opslag en voorbereiding van de demonstraties. De uitvoering van de proeven gebeurde in het aanpalende auditorium. (GV)

Since the opening of the State University of Leuven in 1817, physics instruction had been housed in the eighteenth-century Premonstratensian College on Naamsestraat. In the early years, the professor of physics lived in the college, but at the end of the nineteenth century this was no longer the case. The mineralogical and botanical collections were initially also housed in the building. The physics collection was divided between two rooms on the first floor, and mainly contained devices for demonstration experiments. Most of it related to mechanics, optics, acoustics, astronomy, electrical theory and thermal theory. Easily identifiable are the Archimedes' screw and the large electrostatic generators with glass discs. Neither the cupboards nor the devices are labelled or numbered. One striking feature is the lighting point at the rear of the room: a chandelier with three electric bulbs.

The room was fitted out exclusively for storage and the preparation of demonstrations. The experiments were conducted in the adjoining auditorium. (GV)

37

Cabinet de Physique

Natuurkundig Kabinet in het Premonstreitcollege
Physics Cabinet in the Premonstratensian College

Ook de tweede zaal van de natuurkundige collectie bevatte hoofdzakelijk demonstratietoestellen. De oorsprong van de collectie gaat terug op de stichting van de Rijksuniversiteit. De instrumenten van de Oude Universiteit waren naar Brussel overgebracht en kwamen in 1817 niet terug naar Leuven. De overheid stelde wel aanzienlijke middelen ter beschikking om instrumenten aan te kopen of bij plaatselijke instrumentmakers te laten bouwen. Bij de overdracht van de collectie aan de Katholieke Universiteit telde ze vierhonderd stukken. De Katholieke Universiteit breidde de collectie daarna nog fors uit en hield een afzonderlijke inventaris bij van de stukken die ze met eigen middelen had aangekocht. Tijdens het bombardement op Leuven in de nacht van 11 op 12 mei 1944 werd de collectie vrijwel volledig vernield. Ze telde toen ongeveer twaalfhonderd stukken.

Het valt uit deze foto's niet op te maken uit welke periode de stukken dateren. Opmerkelijk is dat de collectie vrijwel niets van de in de negentiende eeuw nog heel populaire *physique amusante* bevat. Er zijn ook geen modellen van industriële toepassingen (stoommachine) of voorbeelden van moderne ontdekkingen (fotografie, telefoon, Röntgenstralen). De collectie is bruikbaar voor het onderwijs, maar is niet gericht op een ruimer publiek. (GV)

The second room of the physics collection also mainly contained demonstration devices. The origins of the collection go back to the foundation of the State University. The instruments of the Old University were taken to Brussels and were not returned to Leuven in 1817. However, the government did provide substantial funds for purchasing instruments or having them built by local instrument makers. When the collection was transferred to the Catholic University, it numbered four hundred items. The Catholic University then expanded the collection considerably and maintained a separate inventory of the items that it had purchased out of its own resources. During the bombardment of Leuven on the night of 11 to 12 May 1944, the collection was almost completely destroyed. By that time it numbered around twelve hundred items.

It is impossible to tell from these photographs what period the pieces date from. It is striking that the collection contains almost none of the *physique amusante* that was still highly popular in the nineteenth century. There are also no models of industrial applications (such as a steam engine) or examples of modern developments (photography, telephone, X-rays). The collection is suitable for teaching, but is not aimed at a broader public. (GV)

38

Auditoire d'Electro-métallurgie

Elektrotechnisch Instituut en Museum voor Metaalkunde in het Premonstreitcollege
Electrotechnical Institute and Museum for Metallurgy in the Premonstratensian College

Elektriciteit en haar toepassingen in de industrie en heel in het bijzonder middels elektrolyse in de metaalnijverheid, dat was bij uitstek het terrein van Honoré Ponthière. Hij was de eerste titularis van de leerstoel Elektrotechniek (1876), bezorger van de lemma's over metalen in de *Larousse,* van goud tot zink, en ten slotte pionier van de elektrolyse, die de wondere wereld van metalen en elektrische stroom bovendien ook nog in sonnetten bezong.

Ponthière werd de drijvende kracht achter de totstandkoming van een heus elektrotechnisch instituut, waarvoor de bisschoppen het signaal op groen zetten in 1899. Dat was niets te vroeg: Leuven zag het aantal ingenieursstudenten van jaar tot jaar slinken. Alleen al de aankondiging van het nieuwe instituut joeg hun aantal fiks de hoogte in. Dankzij de vorstelijke vrijgevigheid van minister Auguste Beernaert en van industriëlen als Edouard Empain en Evence Coppée zou aan de Vlamingenstraat binnen de kortste keren een even elegant als functioneel gebouw oprijzen naar een ontwerp van Vincent Lenertz. Voor de inrichting stond het Montefiore-Instituut in Luik model. Terwijl in Parijs de fee Elektriciteit haar opwachting maakte voor de wereldtentoonstelling van 1900, leek ook in Leuven de eeuw veelbelovend van start te gaan. Niemand kon voorzien dat zowel Ponthière als Lenertz, de bouwheer en de bouwmeester van het instituut, als slachtoffer zouden vallen van de Duitse terreur in 1914. (MD)

Electricity and its industrial applications, and particularly the use of electrolysis in the metal industry, was very much the specialist field of Honoré Ponthière. He was the first incumbent of the chair in electrotechnology (1876), author of the articles on metals in *Larousse,* from gold to zinc, and finally a pioneer of electrolysis, who also celebrated the wonderful world of metals and electrical current in sonnets.

Ponthière became the driving force behind the creation of a proper electrotechnical institute, for which the bishops gave the go-ahead in 1899. This was not a moment too soon: Leuven had experienced a decline in the number of engineering students from year to year. The mere announcement of the new institute gave numbers a significant boost. Thanks to the lavish generosity of Minister Auguste Beernaert and industrialists such as Edouard Empain and Evence Coppée, a building that was both elegant and functional was to be erected in a very short time on Vlamingenstraat, to a design by Vincent Lenertz. The interior was modelled on the Montefiore Institute in Liège. Just as the Electricity Fairy was making an appearance at the world fair in Paris in 1900, the century also seemed to be getting off to a promising start in Leuven. Nobody could have foreseen that both Ponthière and Lenertz, who commissioned and designed the institute, would become victims of the German terror in 1914. (MD)

39

Laboratoire de Mesures électriques

Laboratorium voor Elektrische Metingen in het Premonstreitcollege
Laboratory for Electrical Measurements in the Premonstratensian College

Het Premonstreitcollege was oorspronkelijk bedoeld als studiehuis voor de premonstratenzers, norbertijnen of witheren uit de Brabantse en Zuid-Nederlandse abdijen van de bewuste orde, die altijd een grote belangstelling voor academische vorming had betoond. Het college was halverwege de achttiende eeuw herbouwd in een imposante Lodewijk XV-stijl. In de negentiende eeuw had de orde evenwel veel van haar glans verloren. Maar het college was aan een tweede leven begonnen als natuurkundig instituut. Al ten tijde van de Rijksuniversiteit werden hier studenten ingevoerd in de elektriciteitsleer. Misschien sprong de vonk niet altijd meteen over. Nog in 1905 rezen er klachten over de gebrekkige kennis ter zake van de Leuvense ingenieurs.

Aan kanunnik Félix Demanet zal het niet gelegen hebben. Hij was het type van de priester-hoogleraar, dat naar verluidt te bescheiden was om uit te blinken in origineel wetenschappelijk werk. Het tekort aan passie voor persoonlijke naspeuringen werd ruimschoots gecompenseerd door pedagogische eros. Demanet was een zorgzaam docent, die zijn pupillen gewetensvol inwijdde in de basisvaardigheid van alle proefondervindelijk onderzoek: meten. Dat wil zeggen nauwgezet metingen uitvoeren, gegevens aflezen en resultaten interpreteren. Meten is weten. Lange tijd was er geen andere gelegenheid tot dat soort initiatie dan het laboratorium van Demanet, waar elektrische lading en elektrische stroom konden worden gemeten, en spanning en weerstand, capaciteit, inductantie en hysterese. (MD)

The Premonstratensian College was originally intended as a house of study for the Premonstratensians, who were Norbertines or White Canons from the order's abbeys in Brabant and the Southern Netherlands. The order had always shown a great interest in academic training. Midway through the eighteenth century, the college was rebuilt in an imposing Louis XV style. In the nineteenth century, the order had lost much of its brilliance, but the college gained a new lease of life as a physics institute. Already during the State University period, students were initiated into the theory of electricity here. The spark may not always have caught: complaints were still being made in 1905 about the ignorance of Leuven's engineers.

Canon Félix Demanet cannot have been to blame for this. He was the archetypal priest-professor, who was said to be too modest to excel in original scientific work. His lack of passion for personal research was amply compensated for by his love of teaching. Demanet was a careful teacher, who conscientiously initiated his pupils in the basic skill of all experimental research: measurement. This means taking accurate measurements, reading data and interpreting results. Measurement is knowledge. For a long time, there was no other opportunity for this kind of initiation than at Demanet's laboratory, where electrical charge and electrical current could be measured, as well as tension and resistance, capacity, inductance and hysteresis. (MD)

40

Auditoire du Génie Civil

Auditorium voor Burgerlijke Bouwkunde in het Maria-Theresiacollege
Auditorium for Civil Engineering in Maria-Theresa College

In dit *Auditoire du Génie Civil* werden lessen gevolgd door studenten in de burgerlijke bouwkunde. Zij zouden na hun studie als 'ingenieur van bruggen en wegen' tewerkgesteld worden, in overheidsdienst of bij privébedrijven. Bij hun onderricht werd daarom gebruik gemaakt van wandplaten met kaarten en tekeningen van wegenbouwkundige en vooral waterbouwkundige werken. Opmerkelijk zijn ook de uitgebreide reeks platen met foto's en tekeningen van historische, overwegend middeleeuwse – gotische – maar ook eigentijdse gebouwen. Zo zijn onder andere de Sint-Goedelekerk, de Zavelkerk en de Grote Markt in Brussel en de stadhuizen van Brussel, Leuven en Oudenaarde te herkennen, naast het reusachtige Justitiepaleis in Brussel van Joseph Poelaert, dat in 1883 was ingewijd. De studenten in de burgerlijke bouwkunde volgden immers ook colleges Burgerlijke architectuur en Architectuurgeschiedenis. Die beide vakken werden gedoceerd door Joris Helleputte, de al eerder ter sprake gekomen huisarchitect van de Leuvense universiteit, die sinds 1874 de afdeling Architectuur van de Speciale Scholen leidde.

De gietijzeren kolommen in het midden van het auditorium zijn waarschijnlijk toegevoegd om de oude gebouwen van het Pauscollege en het Maria-Theresiacollege met hun houten vloerstructuren bouwtechnisch aan te passen aan hun nieuwe functie in het onderwijs. (LV)

In this *Auditoire du Génie Civil*, classes in civil engineering were attended by students. After studying as 'bridge and road engineers', they would be employed by the government or in private firms. In their instruction, use was therefore made of wall charts with maps and drawings of road works and above all hydroengineering works. Remarkable too are the extensive series of charts with photographs and drawings of historic, predominantly medieval – Gothic – buildings, but also contemporary ones. Thus among other buildings Ste Gudule, the Eglise du Sablon and the Grand-Place in Brussels and the city halls of Brussels, Leuven and Oudenaarde can be recognised, as well as Joseph Poelaert's enormous Palais de Justice in Brussels, which was inaugurated in 1883. The charts are explained by the fact that the civil engineering students also attended lectures in civil architecture and architectural history. These two subjects were taught by Joris Helleputte, already mentioned as the in-house architect of the University of Leuven, who had run the Architecture Department of the Special Schools since 1874.

The cast iron columns in the middle of the auditorium were probably added for structural reasons, in order to adapt the old buildings of Pope's College and Maria-Theresa College with their wooden floors to their new educational function. (LV)

41

Musée de Topographie

Museum voor Topografie in het Maria-Theresiacollege
Museum of Topography in Maria-Theresa College

Van bij de oprichting van de Speciale Scholen in 1865 werd werk gemaakt van het aanleggen van didactische verzamelingen en de aanschaf van de nodige werkinstrumenten voor lessen, laboratoria en praktijkoefeningen. Voor de studenten in de burgerlijke bouwkunde, mijnbouw en architectuur was topografie of landmeetkunde uiteraard een belangrijk basisvak. Het vak werd vanaf 1883 gegeven door André Dumont, die ook mijnbouw doceerde en in 1901 bekendheid zou verwerven met de ontdekking van het Kempische steenkolenbekken na boringen in het Limburgse As. Dumont lag in 1872 ook aan de basis van de oprichting van een invloedrijke alumnivereniging, de Union des Ingénieurs sortis de Louvain.

De foto toont het *Musée de Topographie* met een collectie topografische instrumenten zoals goniometers, waterpassen, houten klapbaken – met typische schaalverdelingen aangeduid in rood en zwart op wit – en theodolieten, de voorlopers van de huidige digitale tachymeters of totaalstations. Een deel van de instrumenten is, net als op de tweede foto van het Natuurkundig Laboratorium (foto 35), speciaal uitgestald voor de fotograaf. (LV)

From the establishment of the Special Schools in 1865, efforts were made to establish teaching collections and purchase the necessary tools for classes, laboratories and practicals. For the students in civil engineering, mining engineering and architecture, topography – the science of surveying – was naturally an important basic subject. From 1883 onwards, it was taught by André Dumont, who also taught mining engineering and would acquire fame in 1901 through the discovery of the Kempen coalfield after conducting drillings in As in Limburg. In 1872 Dumont was also behind the establishment of an influential association of alumni, the Union des Ingénieurs sortis de Louvain.

The photograph shows the *Musée de Topographie* with a collection of topographical instruments such as goniometers, levels, folding wooden beacons – with characteristic scales marked in red and black on white – and theodolites, the forerunners of the present-day digital tachymeters or total stations. Some of the instruments are, as in the second photograph of the Physics Laboratory (photograph 35), specially laid out for the photographer. (LV)

42

Salle de Dessin à main libre

Tekenzaal in het Maria-Theresiacollege
Drawing studio in Maria-Theresa College

In deze ruime tekenzaal voor architectuurstudenten, gevestigd in het Maria-Theresiacollege, is op *étagères* langs de wand een bescheiden collectie gipsen afgietsels van architectuurfragmenten opgesteld. Ze bestaat uit eenvoudige geometrische volumes, voorbeelden uit de klassieke bouwkunst, maar uiteraard vooral voorbeelden van middeleeuwse – romaanse en gotische – bouwtrant: kapitelen, kraagstenen, kruisbloemen. Tegen de achterwand zijn tekeningen gespijkerd, eveneens na te volgen voorbeelden of werk van studenten, en er staan ook houten tekeningenkasten opgesteld.

De zaal is sober en functioneel ingericht. Het oplopende auditorium stelt alle studenten in staat tijdens de tekenoefeningen het vooraan geplaatste model goed te zien. Er is gezorgd voor adequate verlichting. Meer luxe was de studenten van Joris Helleputte niet gegund. Hier werd het onderwijs tot *essentialia* herleid. (LV)

In this spacious drawing studio for architecture students, based in Maria-Theresa College, a modest collection of plaster casts of architectural elements is laid out on *étagères* which line the wall. It consists of simple geometrical volumes, examples of classical architecture, but of course mainly examples from medieval – Romanesque and Gothic – architectural style: capitols, corbels, finials. Drawings are nailed up on the back wall, as are examples for copying and students' work, and there are also wooden drawing cabinets.

The studio is plainly and functionally laid out. The ascending auditorium enables all the students to see the model at the front properly during drawing practice. Adequate lighting has been provided. Joris Helleputte's students were accorded no more luxury than this. Here, education was reduced to *essentialia*. (LV)

43

Salle de Dessin

Tekenzaal in het Maria-Theresiacollege
Drawing studio in Maria-Theresa College

De soberheid die in de universitaire tekenzalen heerste, hield geen ontkenning in van het belang van het onderwijs dat er werd verstrekt. Integendeel, de ideologische oorsprong van de Speciale Scholen (voluit: *Ecoles Spéciales des Arts et Manufactures, des Constructions et des Mines*) in het midden van de jaren 1860 wettigde investeringen. Tot de oprichting van de Speciale Scholen was aangedrongen door katholieke ondernemers die geen vertrouwen stelden in de opleidingen aan de rijksuniversiteiten in Gent en Luik. Die rijksuniversiteiten hadden aanvankelijk een monopolie op de opleiding van ingenieurs in staatsdienst; pas in 1890 werden ook de opleidingen Burgerlijke bouwkunde en Mijnbouw aan de Leuvense universiteit wettelijk erkend.

De Speciale Scholen werden gehuisvest in het Pauscollege en het Maria-Theresiacollege. Hier werden ook nog na de bouw van nieuwe instituten in het Arenbergpark in Heverlee na de Eerste Wereldoorlog de colleges voor de kandidaatsjaren gedoceerd, uiteindelijk tot aan de realisatie omstreeks 1970 van de nieuwe campus aan de Celestijnenlaan in Heverlee.

Le dessin industriel was een heel belangrijk onderdeel van de opleiding: de studenten brachten een groot deel van hun tijd door in de tekenzaal. Ook in deze zaal ging het om functioneel onderwijs. Aan de wanden hingen technische tekeningen (onder meer van een stoomlocomotief). Achteraan stond een vitrine met schaalmodellen. (LV)

The sobriety that prevailed in the university drawing studios did not imply any denial of the importance of the instruction provided there. On the contrary, the ideological origins of the Special Schools (whose full name was *Ecoles Spéciales des Arts et Manufactures, des Constructions et des Mines*) in the mid-1860s justified investment in them. The establishment of the Special Schools had been pressed for by Catholic entrepreneurs who had no confidence in the education provided at the state universities in Ghent and Liège. These state universities initially had a monopoly over the education of engineers in the public sector; it was not until 1890 that the courses in civil engineering and mining engineering at the University of Leuven were also statutorily recognised.

The Special Schools were housed in Pope's College and Maria-Theresa College. Here, even after the construction of new institutes at Arenbergpark in Heverlee after the First World War, lectures for students taking their first degree continued to be held, ultimately until the creation of the new campus on Celestijnenlaan in Heverlee around 1970.

Le dessin industriel was a very important component of the course: the students spent a great deal of their time in the drawing studio. Here too, the education provided was functional. Technical drawings hung on the walls (including one of a steam locomotive). At the back of the studio was a glass display cabinet containing scale models. (LV)

44

Salle de Dessin

Tekenzaal in het Maria-Theresiacollege
Drawing studio in Maria-Theresa College

Burgerlijk bouwkundig en mijnbouwkundig ingenieurs die in Leuven werden opgeleid, konden pas vanaf 1890, met de wettelijke erkenning van het Leuvense diploma, een betrekking krijgen in dienst van de Staat. De in Leuven opgeleide ingenieurs kwamen dan ook vooral terecht bij de lagere overheden, de provincies en gemeenten, of in privébedrijven, in het bijzonder de metaalverwerkende en scheikundige nijverheid en de werktuigen- en machinebouw.

In deze *Salle de Dessin* worden de Leuvense aspirant-ingenieurs op hun professionele carrière voorbereid. Behalve de tekentafels tegen de ramen is de zaal ook voorzien van in het midden geplaatste werktafels voor de studie van machine-onderdelen en technische tekeningen. De zaal is goed verlicht door ramen aan beide zijden. Ze is hier, omstreeks 1900, ook nog voorzien van gasverlichting, enkele jaren voor het algemene gebruik van elektrische verlichting.

Analytische mechanica werd tot 1891 gedoceerd door Philippe Gilbert en nadien door Charles Jean de la Vallée Poussin, toegepaste mechanica door Ernest Louis Joseph Pasquier en Joseph Micha. (LV)

Only from 1890 onwards, with the legal recognition of the Leuven diploma, could civil engineers and mining engineers who had been trained in Leuven gain employment with the State. The Leuven-trained engineers therefore mainly ended up working for lower-level authorities – the provinces or the municipalities – or in private companies, especially in the metal and chemical industries and in tool- and machine-making.

In this *Salle de Dessin*, Leuven's aspiring engineers were prepared for their professional career. Apart from the drawing desks against the windows, the studio is also equipped with centrally positioned workbenches for the study of machine parts and technical drawings. The studio is well lit, with windows on both sides. At this point, in around 1900, it is still fitted with gas lighting, several years before electric lighting came into general use.

Analytical mechanics was taught by Philippe Gilbert until 1891 and subsequently by Charles Jean de la Vallée Poussin, and applied mechanics by Ernest Louis Joseph Pasquier and Joseph Micha. (LV)

45

Musée de Minéralogie

Kabinet voor Mineralogie in het Maria-Theresiacollege
Cabinet for Mineralogy in Maria-Theresa College

Het Kabinet voor Mineralogie bestond al vanaf 1835. Aanvankelijk – onder leiding van Henri Barth Waterkeyn, hoogleraar Mineralogie en Geologie van 1840 tot 1854 – was de verzameling stevig aangegroeid. In latere jaren had de collectie echter op veel minder belangstelling kunnen rekenen. Pas het aantreden van Charles Louis de la Vallée Poussin in 1863 had een 'mineralogische opleving' aangekondigd. De nieuwe hoogleraar breidde het kabinet uit met honderden – gevonden, aangekochte en geschonken – specimina, waaronder een verzameling microscopische preparaten. Daarnaast stak hij veel energie in het ordenen en classificeren van de objecten. Daartoe sloot hij zich soms dagen achtereen op in het mineralogisch kabinet. De zorgvuldig genummerde vitrinekasten op de foto getuigen van zijn ijver.

Zo ontstond een didactisch buitengewoon waardevolle collectie, erop gericht de studenten vertrouwd te maken met de verschillende soorten gesteentes en mineralen. Met behulp van de wandplaten aan de zijkant en de landkaarten achter in de ruimte konden de objecten geïdentificeerd en geografisch gesitueerd worden. In 1904 zou het kabinet opgaan in het door kanunnik Henri de Dorlodot opgerichte Geologisch Instituut. De naamgeving van de oude zaal – 'Salle Ch. de la Vallée-Poussin' – betekende een eerbetoon aan 'de eerste echte hoogleraar Geologie van de Universiteit Leuven'. (MB)

The Cabinet for Mineralogy had existed since 1835. Initially – under the management of Henri Barth Waterkeyn, professor of Mineralogy and Geology from 1840 to 1854 – the collection had grown rapidly. In later years, however, the cabinet attracted far less interest. Only the appointment of Charles Louis de la Vallée Poussin in 1863 heralded a 'mineralogical revival'. The new professor extended the cabinet with hundreds of specimens (found, bought and donated), including a collection of prepared microscope slides. He also put considerable energy into arranging and classifying the objects, sometimes shutting himself away in the mineralogical cabinet for days at a time. The carefully numbered display cases in the photograph bear witness to his zeal.

There was thus created a collection of extraordinary didactic value, the purpose of which was to familiarise students with the different kinds of rocks and minerals. With the help of the wall charts to the side and the maps at the back of the room, the objects could be identified and geographically situated. In 1904, the cabinet was absorbed by the Geological Institute established by Canon Henri de Dorlodot. The name given to the old room – 'Salle Ch. de la Vallée-Poussin' – was a tribute to 'the first true professor of Geology of the University of Leuven'. (MB)

46

Auditoire de Zoologie

Auditorium voor Dierkunde in het Koningscollege
Auditorium for Zoology in King's College

In 1889 werd Gustave Gilson in Leuven benoemd tot hoogleraar in de zoölogie. Hij kreeg daarmee de leiding over het oude instituut in het Koningscollege aan de Naamsestraat, dat hij wilde omvormen tot een modern zoölogisch instituut. Laboratoriumonderzoek moest daarin een belangrijke plaats krijgen, zo oordeelde Gilson, naar de wetenschappelijke idealen van de dag.

Dadelijk na zijn aanstelling liet Gilson in de tuin van het Koningscollege een nieuw gebouw optrekken, met op de eerste verdieping het hier afgebeelde auditorium-laboratorium. De ruimte werd ingericht als snijzaal en leslokaal in één. De enorme wandplaten en het projectiescherm dienden ter ondersteuning van de theoretische colleges, evenals het bord en de opgezette dieren. De houten tafels beschikten over een groot werkvlak met waterkraantje. Samen met de grote ramen en de elektrische verlichting maakten zij het auditorium bijzonder geschikt als practicumzaal. Gilsons auditorium was op dat moment een unicum in Leuven.

Gilson zou in 1909, op zijn vijftigste, directeur van het Koninklijk Natuurhistorisch Museum te Brussel worden. Internationale faam verwierf hij als oceanograaf. (MB)

In 1889, Gustave Gilson was appointed professor of zoology at Leuven. He thus took over the management of the old institute in King's College on Naamsestraat, which he wanted to convert into a modern zoological institute. Laboratory research must be assigned an important place in this, Gilson believed, in line with the scientific ideals of the day.

Straight after his appointment, Gilson had a new building erected in the garden of King's College, with the auditorium-laboratory depicted here on its first floor. The space was fitted out as a dissection room and lecture room in one. The enormous wall charts and the projection screen helped support the theory lectures, as did the blackboard and the stuffed animals. The wooden tables had a large working surface with a tap. Together with the large windows and the electric lighting, they made the auditorium ideally suited as a practical room. At that time, Gilson's auditorium was unique in Leuven.

Gilson went on to gain an appointment as director of the Royal Museum of Natural History in Brussels in 1909, at the age of fifty. He acquired international fame as an oceanographer. (MB)

47

Musée de Zoologie

Museum voor Dierkunde in het Koningscollege
Zoological Museum in King's College

Al vanaf 1817 bevond zich in het Koningscollege de zoölogische collectie van de Leuvense universiteit. Zo omvangrijk als op de foto was de verzameling toen nog allerminst. De groei van de collectie van het *Musée de Zoologie* was de verdienste van de briljante zoöloog Pierre Joseph van Beneden. Die was al op zevenentwintigjarige leeftijd benoemd tot hoogleraar in de Dierkunde en Vergelijkende Anatomie. In 1851 had hij zich met zijn hele gezin in het Koningscollege geïnstalleerd. Bijna zestig jaar lang zou hij er lesgeven.

Van de universiteit ontving Van Beneden jaarlijks een flinke som voor het onderhoud van het museum en de aankoop van nieuw materiaal. Het gevolg was dat de zoölogische collectie bleef aangroeien. De kostbare stukken stonden verspreid over toevallig beschikbare lokalen en kasten. Ruimtes voor opslag en tentoonstelling ontbraken, evenals geschikte lokalen voor onderwijs en onderzoek. Het grote organisatietalent van Gustave Gilson – de opvolger van Van Beneden – zorgde ervoor dat de rijke verzamelingen hier konden worden gefotografeerd als een keurig gerangschikte collectie. (MB)

The University of Leuven's zoological collection was located in King's College from as early as 1817. At that time, the collection was by no means as extensive as it is in the photo. The growth of the collection of the *Musée de Zoologie* was the work of the brilliant zoologist Pierre Joseph van Beneden. At the age of twenty-seven, he was appointed professor of Zoology and Comparative Anatomy. In 1851, he made his home in King's College with his entire family. He would teach there for nearly sixty years.

Van Beneden received a handsome annual grant from the university for the maintenance of the museum and the purchase of new material. As a result, the zoological collection carried on growing. The precious pieces were scattered among whatever rooms and offices happened to be available. There was a lack of storage and display rooms, as well as of suitable premises for teaching and research. The considerable organisational talent of Gustave Gilson – Van Beneden's successor – ensured that the rich collections could be photographed here as a neatly arranged collection. (MB)

IL EST DÉFENDU
DE TOUCHER
AUX OBJETS.

48

Musée de Zoologie

Museum voor Dierkunde in het Koningscollege
Zoological Museum in King's College

De onderwijswet van 1890 had de faculteit Wetenschappen van haar propedeutische functie ontslagen. Zij diende niet langer alleen als voorbereiding op de studie in de geneeskunde; er waren nu eigen wetenschappelijke graden te behalen, onder meer in de zoölogie. Het moment van Gustave Gilsons moderniseringsplannen was dus geen toeval. Een eigen academische graad vroeg haast om 'volwassen' onderwijs- en onderzoeksvoorzieningen. Gilson liet in het Koningscollege verschillende museumzalen inrichten, waarin de zoölogische verzamelingen op een overzichtelijke manier werden gepresenteerd. Op de foto is een dergelijke zaal afgebeeld. Links en rechts staan themakasten, die de vergelijkende anatomie moesten illustreren. Elders stonden de specimina geordend volgens hun plaats in het dierenrijk.

De collecties vervulden vooral een didactische functie. Ondanks het toenemende belang van experimenteel onderzoek deed rond de eeuwwisseling zeker twee derde van het instituut dienst als museum of collectiezaal. Pas aan de vooravond van de Tweede Wereldoorlog moest het museum ruimte inleveren voor de bouw van een groot onderzoekslaboratorium. (MB)

The education act of 1890 had relieved the Faculty of Science of its propaedeutic function. It no longer served purely as preparation for the study of medicine; science degrees could now be obtained, including one in zoology. The timing of Gustave Gilson's modernisation plans was thus not coincidental. A separate academic degree virtually required 'grown-up' teaching and research facilities. Gilson had various museum rooms created in King's College, in which the zoological collections could be presented clearly. One such room is depicted in the photo. To the left and right stand thematic cabinets whose purpose was to illustrate comparative anatomy. Elsewhere were the specimens arranged according to their place in the animal kingdom.

The collections primarily fulfilled a didactic function. Despite the increasing importance of experimental research, at least two-thirds of the institute was used as museum space or collection rooms around the turn of the century. Not until the eve of the Second World War did the museum have to give up space for the construction of a large research laboratory. (MB)

49

Musée de Zoologie

Museum voor Dierkunde in het Koningscollege
Zoological Museum in King's College

De op deze foto getoonde expositiezaal bevond zich direct onder het Auditorium voor Dierkunde. Zij was gereserveerd voor de zoogdierencollectie. Vooral de Leuvense verzameling waterzoogdieren was indrukwekkend. Volgens de directeur van het Londense Natuurhistorisch Museum, William Henry Flower, kon zij concurreren met gerenommeerde collecties in Parijs, Leiden en Londen.

Over het skelet links naast het gangpad, afkomstig van een Groenlandse walvis, doen vele anekdotes de ronde. In 1880, na aankoop door Pierre Joseph van Beneden, zou de walvis op een grote kar door de stad zijn getrokken, op weg naar zijn nieuwe bestemming in het Koningscollege. De geur van het beest zou de Leuvenaars urenlang de adem hebben benomen. Eenmaal op zijn plek zou de walvis echter onverzettelijk blijken. Bij bombardementen in mei 1944 werden grote delen van het Zoölogisch Instituut verwoest. De walvis was één van de weinige stukken die heelhuids uit het puin tevoorschijn kwam. Hij valt nog steeds te bewonderen in het huidige Museum voor Dierkunde. (MB)

The exhibition room shown in this photograph was located directly beneath the Auditorium for Zoology. It was reserved for the mammal collection. Leuven's collection of aquatic mammals was particularly impressive. According to the director of London's Natural History Museum, William Henry Flower, it rivalled renowned collections in Paris, Leiden and London.

There are numerous anecdotes about the skeleton to the left of the aisle, which comes from a Greenland whale. In 1880, after its purchase by Pierre Joseph van Beneden, the whale was pulled on a large cart through the city, on its way to its new destination in King's College. The smell of the creature quite took away the breath of the people of Leuven for hours on end. Once in place, however, the whale was to prove intransigent. In the bombardments of May 1944, large sections of the Zoological Institute were destroyed. The whale was one of the few items that emerged unscathed from the rubble. It can still be admired in the present-day Zoological Museum. (MB)

50

Institut Vésale (Amphithéâtre)

Anatomisch Theater van het Vesaliusinstituut
Anatomy Theatre of the Vesalius Institute

Het Anatomisch Theater in de Minderbroedersstraat, centraal op de foto, werd in 1876 opgericht met het oog op de lessen anatomie aan de faculteit Geneeskunde. Het gebouw verving het achttiende-eeuwse anatomisch theater, dat wat verderop ligt. Dat auditorium was te klein geworden voor het groeiend aantal studenten. Buurtbewoners hadden bovendien geklaagd over het al te zichtbare transport van lichamen vanuit het Sint-Pietersgasthuis. Het nieuwe gebouw was rechtstreeks bereikbaar vanuit het ziekenhuis aan de Brusselsestraat. In het binnengebied tussen beide gebouwen zou in de volgende jaren een uitgebreide medische campus tot ontwikkeling komen.

Zoals onder meer uit de architectuur van het nieuwe theater blijkt, werd de dissectie van lijken zoveel mogelijk aan het zicht van buitenstaanders onttrokken. Dat was ooit anders geweest. Universiteiten zoals die van Padua, Parijs en Leiden hadden al vanaf de zestiende eeuw fraai versierde anatomische theaters opgetrokken, waar zij publieke anatomische lessen organiseerden die uitgroeiden tot meerdaagse carnavaleske evenementen. Nog in de negentiende eeuw behielden de anatomische dissecties een sterk 'Frankenstein'-gehalte. De hele sobere neogotische stijl die architect Joris Helleputte hier hanteerde, straalde daarentegen een programma van wetenschappelijke ernst en ingetogen sacraliteit uit.

Het auditorium was een onderdeel van het Anatomisch Instituut, dat in 1884 de naam 'Vesaliusinstituut' kreeg. Het werd rechts geflankeerd door een vestibule en een dissectiezaal. In 1883 bouwde Helleputte links van het amfitheater nog een klein fysiologisch kabinet en een toegangspoort. (KW)

The Anatomy Theatre on Minderbroedersstraat, in the centre of the photo, was established in 1876 for anatomy lessons for the Faculty of Medicine. The building replaced the eighteenth-century anatomy theatre, a little further down the street. That auditorium had become too small for the growing number of students. Moreover, local residents had complained about the very visible transportation of corpses from St Peter's Hospital. The new building was directly accessible from the hospital on Brusselsestraat. In the inner area between the two buildings, an extensive medical campus would develop in the years that followed.

As is clear among other things from the architecture of the new theatre, the dissection of corpses was removed from the gaze of outsiders as far as possible. At one time, that had not been the case. From the sixteenth century onwards, universities in places such as Padua, Paris and Leiden had built magnificently decorated anatomy theatres, where they organised public anatomy lessons that developed into carnival-like events lasting several days. Even in the nineteenth century, anatomical dissections retained a definite 'Frankenstein' element. By contrast, the very sober neo-Gothic style used here by architect Joris Helleputte suggested a programme of scientific seriousness and modest sanctity.

The auditorium was part of the Anatomical Institute, which was given the name 'Vesalius Institute' in 1884. It was flanked on the right by a vestibule and a dissection room. In 1883, Helleputte built another small physiological cabinet and an access gate to the left of the amphitheatre. (KW)

51

Institut Vésale - Salle de dissection

Snijzaal in het Vesaliusinstituut
Dissection room in the Vesalius Institute

Met zijn volledig blinde straatgevel was de dissectiezaal van het Anatomisch Instituut erop gericht de blikken van voorbijgangers te weren. De universiteit zette de licht- en luchtkwaliteit van het gebouw graag in de verf, net als het moderne systeem van watervoorziening. In 1884, zeven jaar nadat Joris Helleputte de zaal had gebouwd, werd niet zonder trots de komst van elektrische lampen aangekondigd. Zij zouden *messieurs les étudiants* in staat stellen zelfs tijdens de winter 's avonds te werken. Opmerkelijk wordt net dat werk – de dissectie van dode lichamen – niet getoond. De lege tafels en de totale afwezigheid van activiteit benadrukken daardoor de wetenschappelijk-neutrale omgang met het lichaam. Toch kon het officiële discours nooit op tegen de stadslegendes en studentikoze praktijken die onvermijdelijk aan de ruimte kleefden.

De drie poserende studenten uit dit fotoalbum hielden zich dan wel stil; dat neemt niet weg dat een van hen zich wel heel erg theatraal posteerde, in dialoog met het skelet naast hem. Met die houding verwijst de foto naar een levendige iconografische traditie waarin studenten zich samen met een lijk lieten fotograferen in vriendschappelijke of zelfs intieme poses. De prentbriefkaarten die ervan werden gemaakt, vereeuwigden de anatomische dissectie als de *rite de passage* bij uitstek van studenten in de geneeskunde. In een tijd waarin wetenschappelijk onderzoek steeds afhankelijker werd van technologie, werd het menselijke karakter van de geneeskunde op een merkwaardige manier geaccentueerd. (KW)

With its completely blind street façade, the dissection room of the Anatomical Institute was intended to ward off the gaze of passers-by. The university made much of the building's light and air quality, as well as of the modern system of water supply. In 1884, seven years after Joris Helleputte had built the room, the advent of electrical lamps was announced, not without some pride. They would enable *messieurs les étudiants* to work even during winter evenings. Strikingly, the actual work – the dissection of corpses – is not shown here. The empty tables and total absence of activity emphasise the scientific, objective treatment of the bodies. However, the official discourse was never equal to the urban legends and student practices that were inevitably associated with the room.

The three students posing in this photograph certainly kept nice and still, but even so, one of them adopted a highly theatrical pose, in dialogue with the skeleton next to him. As such, the photograph refers to a lively iconographic tradition whereby students would have themselves photographed with a corpse, in friendly or even intimate poses. The postcards that were made of these photographs perpetuated the role of the anatomical dissection as the quintessential *rite de passage* of medical students. At a time when scientific research was becoming increasingly dependent on technology, the human character of medicine was curiously accentuated. (KW)

52

Maternité

Kraaminrichting
Maternity Clinic

Tot 1928 beschikte de Leuvense universiteit niet over een eigen ziekenhuis. De hoogleraren van de faculteit Geneeskunde hielden vanaf 1849 praktijk in het stedelijk Sint-Pietersgasthuis aan de Brusselsestraat. Daarnaast werkten Louis Hubert en later zijn zoon Eugène Hubert als verloskundigen in de Materniteit aan de Predikherenstraat, de 'baarzaal' van de stad Leuven. Zij werden bijgestaan door twee student-artsen.

Op het einde van de negentiende eeuw werd de kraaminrichting overgebracht naar een nieuw gebouw aan de Vesaliusstraat. Er was plaats voor twaalf bedden. Aan de Materniteit was ook een vondelingentehuis verbonden. Op de foto is de ingang van het vondelingentehuis aan de Frederik Lintsstraat te zien. De Materniteit is achteraan nog net zichtbaar. Naast dit gebouw werd in 1903 een groot weeshuis voor jongens gebouwd. Van dat redelijk monumentale complex zijn enkel nog wat dienstgebouwen van het weeshuis bewaard.

Na de oprichting van het universitaire ziekenhuis verloor de Materniteit aan betekenis. Vanaf 1930 werd er een weeshuis voor meisjes in ondergebracht. De universitaire kraamkliniek werd officieel geopend in 1936. (GV)

Up to 1928, the University of Leuven did not have a hospital of its own. The professors of the Faculty of Medicine practised from 1849 onwards at the civic St Peter's Hospital on Brusselsestraat. In addition, Louis Hubert and later his son Eugène Hubert worked as obstetricians in the Maternity Clinic on Predikherenstraat, the 'delivery room' of the city of Leuven. They were assisted by two trainee doctors.

At the end of the nineteenth century, the maternity clinic was transferred to a new building on Vesaliusstraat. There was space for twelve beds. A home for abandoned children was attached to the Maternity Clinic. In the photo, the entrance to the foundlings' home on Frederik Lintsstraat can be seen. The Maternity Clinic is just visible behind. Next to this building, a large orphanage for boys was constructed in 1903. Of this rather monumental complex, only a few service buildings of the orphanage have been preserved.

After the establishment of the university hospital, the Maternity Clinic lost its significance. From 1930, an orphanage for girls was run there. The university obstetric clinic was officially opened in 1936. (GV)

53

Institut Vésale - Auditoire

Auditorium in het Anatomisch Theater
Auditorium in the Anatomy Theatre

Het in 1877 door Joris Helleputte gebouwde auditorium van het Anatomisch Instituut bood plaats aan tweehonderd studenten. Het lokaal was opvallend sober aangekleed. De ribben van de hoge houten gewelven waren gepolychromeerd, maar verder regeerden, als elders, eenvoud en functionaliteit.

De steil opklimmende gradinen met houten treden en banken moesten de studenten een maximaal zicht op de centrale dissectietafel bieden. Vanitassymbolen die zo lang een vast ingrediënt van anatomische theaters hadden gevormd en ze naast een ontspannende ook een moraliserende publieke functie hadden gegeven, waren hier niet op hun plaats. Veeleer werden nu de hygiënische kwaliteiten van het gebouw in de verf gezet, met licht en lucht als belangrijkste ingrediënten. Het doorlopend register van hooggeplaatste vensters rondom het achthoekige gebouw garandeerde overvloedig en homogeen licht. De uitzonderlijke hoogte van het lokaal en een ventilatiesysteem via kachels moesten zuivere lucht garanderen. De strijd tegen de geur van ontbindende lichamen werd zo efficiënt mogelijk ingezet. (KW)

The auditorium of the Anatomical Institute, built by Joris Helleputte in 1877, had space for two hundred students. The room was remarkably plainly decorated. The ribs of the high vault ceilings were polychromed, but apart from this, simplicity and functionality prevailed, as elsewhere.

The steeply ascending tiers of seating, with wooden steps and benches, were intended to offer students the best possible view of the central dissection table. There was no place here for the *vanitas* symbols which had for so long been a set ingredient of anatomy theatres, giving them a moralising public function as well as entertainment value. Instead, the building's hygienic qualities were now emphasised, with light and air as the main ingredients. The continuous series of high windows around the octagonal building ensured ample, consistent light. The room's exceptional height and a ventilation system using stoves was intended to ensure clean air. The fight against the smell of decomposing bodies was undertaken as efficiently as possible. (KW)

54

Laboratoire de Neurologie

Laboratorium voor Neurologie in het Vesaliusinstituut
Laboratory for Neurology in the Vesalius Institute

La cage de verre, zo noemde de anatoom Arthur van Gehuchten zijn laboratorium. Hij voerde er onderzoek naar het centrale zenuwstelsel van vertebraten. De 'glazen kast' was in 1897 opgetrokken als een onderdeel van het Vesaliusinstituut, recht tegenover de dissectiezaal. Het nieuwe gebouwtje moest de ontleedkundige met interesse in de neuropathologie in staat stellen onderzoek op levende dieren te verrichten

Van Gehuchten verwierf grote faam door zijn experimenteel microscopisch onderzoek naar – onder meer – de interne structuur van zenuwcellen. Ook zijn meermaals bewerkte handboek *L'Anatomie du système nerveux de l'homme* (1893) bereikte een internationaal publiek. Dichter bij huis sprak de 'neuriënde professor' tot de verbeelding om zijn fenomenale werkkracht. Hij stond er om bekend zelf te hebben ingestaan voor al zijn microscopische preparaten, wellicht meer dan twintigduizend. Associaties met een monnik waren snel gelegd; de neogotische entourage van het Vesaliusinstituut hielp de verbeelding een handje.

Het was ook in een achterkamertje van het laboratorium dat Van Gehuchten vanaf 1905 eigen filmbeelden zou ontwikkelen en monteren. Met het oog op zijn colleges filmde hij patiënten uit zijn praktijk als neuroloog. Zo kon hij klinische symptomen van neurologische aandoeningen illustreren en ontwikkelingen na heelkundige ingrepen documenteren. De 'monnik' werd zo meteen ook de eerste filmende hoogleraar uit het land. Van Gehuchten overleed in december 1914, als oorlogsvluchteling, in Cambridge. (KW)

La cage de verre was what anatomist Arthur van Gehuchten called his laboratory. He conducted research there into the central nervous system of vertebrates. The 'glass cage' was built in 1897 as part of the Vesalius Institute, right opposite the dissection room. The new building was designed to enable the anatomist with an interest in neuropathology to conduct research on live animals.

Van Gehuchten acquired great fame through his experimental microscopic research into the internal structure of nerve cells, among other things. His manual *L'Anatomie du système nerveux de l'homme* (1893), which went through several revisions, also reached an international public. Closer to home, the 'humming professor' appealed to the imagination with his phenomenal energy. He was known to have produced all his microscope slides himself – probably more than twenty thousand of them. Comparisons with a monk were readily made; the neo-Gothic surroundings of the Vesalius Institute helped the imagination.

It was also in a back room of the laboratory that, from 1905, Van Gehuchten would develop and edit his own film images. As an aid for his lectures, he filmed patients from his practice as a neurologist. In this way, he was able to illustrate the clinical symptoms of neurological conditions and document developments after therapeutic interventions. The 'monk' thus became the first professor in the country to use film. Van Gehuchten died in December 1914, as a war refugee, in Cambridge. (KW)

55

Institut Bactériologique - Ecuries

Paardenstallen van het Bacteriologisch Instituut met binnenhof en vijver
Stables of the Bacteriological Institute with inner courtyard and pond

Op 2 februari 1899 werd aan de Leuvense universiteit het Bacteriologisch Instituut plechtig ingewijd. Aan de basis van de oprichting van de nieuwe universitaire instelling stond Joseph Denys. Denys was een groot voorvechter van de opname van de bacteriologie in de medische opleiding. De opening van het instituut luidde inderdaad het begin in van de bacteriologie als volwaardige wetenschap in Leuven. Vóór 1899 was de jonge wetenschap slechts beoefend in enkele laboratoriumlokaaltjes van het Carnoy-Instituut voor Celbiologie. Dat veranderde nu.

Het instituut lag aan de Aardappelmarkt in de huidige Vital Decosterstraat. Het besloeg een oppervlakte van maar liefst zestig are. Het Bacteriologisch Instituut was modern ingericht en telde verschillende goed verlichte laboratoria. Voorts waren er lokalen voor proefdieren in observatie, magazijnen, auditoria, een museum en een kleine kliniek. In het instituut was ook een directeurswoning ondergebracht, en woonruimte voor de assistenten. Achter het hoofdgebouw (naar ontwerp van architect Alexandre van Arenbergh) lag een grote, mooi verzorgde cirkelvormige tuin met een vijver. De tuin was omzoomd met ruime stallen en lange rijen kennels voor allerlei kleine proefdieren. De stallen, die onderdak boden aan een dertigtal paarden, vormden samen met de door torentjes geflankeerde poort, die toegang gaf tot de Sint-Maartensstraat, een schilderachtig geheel. In de achtergrond zijn de daken van de kazerne in het voormalige Sint-Maartensklooster te zien. (LD)

On 2 February 1899, the Bacteriological Institute was formally opened at the University of Leuven. The man behind the creation of the new university institute was Joseph Denys. Denys was a great champion of the inclusion of bacteriology in medical training, and the institute's opening marked the beginning of bacteriology as a fully-fledged science in Leuven. Before 1899, the young science was only practised in several laboratory rooms in the Carnoy Institute for Cellular Biology. That now changed.

The institute was on the Aardappelmarkt (Potato Market) in today's Vital Decosterstraat. It had a floor space of no less than 6,000 square metres. The Bacteriological Institute was equipped to modern standards and had various well-lit laboratories. There were rooms for experimental animals under observation, storerooms, auditoria, a museum and a small clinic. The institute also included the director's lodgings and living space for the assistants. Behind the main building (designed by architect Alexandre van Arenbergh) lay a large, beautifully tended circular garden with a pond. The garden was fringed with spacious stables and long rows of kennels for all kinds of small experimental animals. The stables, which sheltered some thirty horses, formed a picturesque ensemble together with the turret-flanked gate which led out to Sint-Maartensstraat. In the background, the roofs of the barracks in the former St Martin's monastery can be seen. (LD)

56

Institut Bactériologique - Ecuries

Paardenstallen van het Bacteriologisch Instituut
Stables of the Bacteriological Institute

Op deze foto zijn waarschijnlijk de oude paardenstallen van het bacteriologisch laboratorium van Joseph Denys te zien. Denys richtte ze op in 1896. Hij had voor zijn serotherapeutisch onderzoek nood aan paarden. De serologie was in die jaren een vooruitstrevende en snel groeiende tak binnen de pathologische bacteriologie. De ontwikkeling rond 1890 van een serum ter genezing van difterie door de Duitse medicus Emil Adolf von Behring droeg de avontuurlijke belofte in zich dat andere bacteriële aandoeningen op dezelfde manier konden worden geremedieerd. Denys wilde met zijn ploeg zijn stempel drukken op dit baanbrekend onderzoek.

Maar blijkbaar was het niet mogelijk of niet wenselijk de paardenstallen onder te brengen in het Carnoy-Instituut, waar het bacteriologisch onderzoek tot dan toe gehuisvest was. Het monumentale pand in de achtergrond met mansardedak en pilasters met komposietkapitelen is het achttiende-eeuwse Kolveniershof aan de Vaartstraat. Dat was het riante gildenhuis (*à l'italienne*) van de voormalige schuttersgilde van Sint-Christoffel, een van de schutterijen die instonden voor ordehandhaving in de stad en die hier een schietbaan en een oefenplek had. In de negentiende eeuw had zeer toepasselijk de Burgerwacht er zijn hoofdkwartier gehad. (LD)

This photograph probably shows the old stables of the bacteriological laboratory of Joseph Denys. Denys established them in 1896, because he needed horses for his serotherapeutic research. During this period, serology was a progressive and fast-growing branch of pathological bacteriology. The development around 1890 of a serum for the treatment of diphtheria by the German physician Emil Adolf von Behring held out the exciting prospect that other bacterial conditions might be remedied in the same way. Denys wanted to make his mark on this ground-breaking research with his team.

Apparently, however, it was not possible or desirable to have stables at the Carnoy Institute, where bacteriological research had previously been accommodated. The monumental premises in the background with the mansard roof and pilasters with composite capitals are the eighteenth-century Kolveniershof on Vaartstraat. This was the gigantic guild house (*à l'italienne*) of the former militia guild of St Christopher, one of the associations that had been responsible for maintaining law and order in the city and that had a shooting range and a practice area here. In the nineteenth century, the Civil Guard very appropriately had its headquarters here. (LD)

57

Institut Bactériologique - Ecuries

Paardenstallen van het Bacteriologisch Instituut
Stables of the Bacteriological Institute

De paarden op de foto zijn Brabantse volbloeden. Deze kostbare dieren waren de trots van het Bacteriologisch Laboratorium en werden door het stalpersoneel goed verzorgd. Een goede stalhygiëne was van cruciaal belang, want de paarden werden ingezet bij de aanmaak van serumvloeistof, voornamelijk anti-difterieserum.

Laboranten spoten hiertoe een onschadelijke hoeveelheid difteriebacillen in bij het paard. Dit bracht bepaalde reacties teweeg in de samenstelling van het bloed van het dier. Welke die reacties waren en hoe ze tot stand kwamen, daaromtrent tastte men in het duister. Zeker was wel dat het bloedserum van dit paard, toegediend bij de mens, therapeutische waarde had. Het bloed werd daarom door de laborant en stalknechten zorgvuldig afgetapt en opgevangen in een steriel recipiënt. In het laboratorium werd het uitgezuiverd tot bloedserum en gesteriliseerd. Alvorens men het serum bij patiënten toediende, testte men het nog een laatste keer op kleinere proefdieren in het laboratorium. Het paard zelf kreeg even rusttijd tot aan een volgende oogstperiode. (LD)

The horses in the photograph are Brabant thoroughbreds. These valuable creatures were the pride of the Bacteriological Laboratory and were well looked after by the stable hands. Good stable hygiene was crucial, because the horses were used for the production of serum fluid – mainly diphtheria serum.

To make the serum, laboratory workers would inject a harmless quantity of diphtheria bacilli into the horse. This would produce certain reactions in the animal's blood composition. What these reactions were and how they came about could only be guessed at. What was known for sure, however, was that the blood serum from the horse, when administered to a human, had therapeutic value. The blood was therefore carefully removed by the laboratory worker and stable hands, and caught in a sterile receptacle. In the laboratory, it was purified to make blood serum and sterilised. Before the serum was administered to patients, it was tested one last time on smaller experimental animals in the laboratory. The horse itself was given a period of rest until the next serum harvest. (LD)

58

Institut Bactériologique - Laboratoire

Bacteriologisch laboratorium in het Villerscollege
Bacteriological laboratory in Villers College

Het nieuwe Bacteriologisch Instituut telde meerdere laboratoria. Behalve de bacteriologische laboratoria waren er andere die speciaal bestemd waren voor onderzoek in chemie en experimentele pathologie. Er waren zowel onderwijs- als onderzoekslaboratoria. Alle waren overgoten met licht, dat binnenstroomde door grote, hoge ramen.

Maar hier vertoeven we kennelijk nog in het oude Villerscollege. Op de foto is een bacteriologisch laboratorium te zien, naar alle waarschijnlijkheid een onderwijslaboratorium, of alleszins een laboratorium dat ook voor studenten toegankelijk was. Studenten in de geneeskunde mochten vanaf het tweede jaar van hun opleiding op vrijwillige basis komen werken in een van de labs van het instituut. De wetenschappelijke staf van Joseph Denys bestond uit onderwijsassistenten, jonge artsen en doctoraatsstudenten, die onder zijn leiding onderzoek verrichtten.

Vooraan op de foto tuurt een jonge onderzoeker door een microscoop. Op het dissectietafeltje voor hem ligt een konijn vastgespeld. Konijnen werden vaak als proefdier gebruikt. Ze werden bijvoorbeeld geïnfecteerd met streptokokken of pneumokokken en dan behandeld met serum. Achterin hangt een didactische prent met een voorstelling van staafvormige bacillen, zoals gezien door een microscoop. (LD)

The new Bacteriological Institute had several laboratories. Apart from the bacteriological laboratories, there were others that were specially intended for research in chemistry and experimental pathology. There were both teaching and research laboratories. All were flooded with light, which streamed in through large, high windows.

However, here the venue is still the old Villers College. In the photo, we see a bacteriological laboratory – probably a teaching laboratory, or at any rate one that was also accessible to students. From the second year of their training onwards, medical students could come and work in one of the institute's labs on a voluntary basis. The scientific staff of Joseph Denys consisted of teaching assistants, young doctors and doctoral students, who conducted research under his supervision.

At the front of the photo, a young researcher peers through a microscope. On the dissection table in front of him, a rabbit is pinned out. Rabbits were often used as experimental animals. For example, they were infected with streptococcus or pneumococcus and then treated with serum. On the rear wall hangs a didactic picture showing rod bacilli, as seen through a microscope. (LD)

59

Institut Bactériologique - Laboratoire

Laboratorium in het Bacteriologisch Instituut
Laboratory in the Bacteriological Institute

De houten werktafel in het midden van de ruimte doet vermoeden dat de fotograaf zich dit keer heeft geposteerd in een van de vele onderzoekslaboratoria van het Bacteriologisch Instituut. Daarvan getuigen de individuele werkplekken en de vele flacons met reagentia. Geopende kasten gunnen de toeschouwer een blik op keurig geëtiketteerde stopflessen en ander glaswerk. Achteraan in het midden van de laboratoriumruimte zien we twee *couveuses*.

Het laboratorium maakt een ordelijke indruk. De werkelijkheid was wel eens anders. Jean Suis beschreef in 1896, na een bezoek aan het Instituut, met een kwinkslag wat hij in een van de laboratoria zag: 'Het ligt er bezaaid met proefbuisjes, flesjes, flacons, distilleerkolven, glasplaatjes, klokken, instrumenten, thermometers, microscopen, microtomen, autoclaven; onbestemde en verdachte geuren hangen in de lucht; fragmenten van dieren liggen kris kras verspreid op glazen of kurken plaatjes. [...] De bezoeker kan in het laboratorium met gemak zo'n één à twee dozijn dodelijke infecties oplopen. [...]. Voor het overige ademt deze plek een bijzonder parfum, dat meestal niet erg in de smaak pleegt te vallen.' (LD)

The wooden workbench in the middle of the room suggests that the photographer has this time taken up position in one of the many research laboratories of the Bacteriological Institute. This is suggested by the individual tables and the numerous flasks of reagents. Opened cupboards give the viewer a glimpse of neatly labelled stoppered bottles and other glassware. At the back, in the middle of the laboratory space, we see two incubators.

The laboratory creates an orderly impression. The reality was different at times. In 1896, after visiting the Institute, Jean Suis jokingly described what he saw in one of the laboratories: 'It is strewn with test-tubes, bottles, flasks, distillation retorts, glass plates, bell jars, instruments, thermometers, microscopes, microtomes, autoclaves; indeterminate and suspect odours linger in the air; fragments of animals lie in disarray on glass or cork plates. [...] The visitor can easily pick up one or two dozen deadly infections in the laboratory. [...]. In other respects, this place is characterised by a particular fragrance that is not generally appreciated.' (LD)

60

Institut Bactériologique - Laboratoire

Laboratorium in het Bacteriologisch Instituut
Laboratory in the Bacteriological Institute

Het Bacteriologisch Instituut mocht zich spoedig beroemen op een zeer complete collectie laboratoriumtoestellen. De verzameling bevatte onder meer de courante instrumenten voor optische metingen, een apparaat voor sterilisatie met stoom en de nodige apparaten voor de sterilisatie van sera. Die hele apparatuur palmde de laboratoria in en zwermde uit over opslagplaatsen en over de werkplaatsen voor de productie van sera.

Zo bleef Joseph Denys zijn instituut verder uitbouwen, tot zijn emeritaat in 1920, toen hij door Richard Bruynoghe werd opgevolgd. Bij zijn graf, in 1932, zou zijn oudste leerling, Albert Lemaire, getuigen van de wetenschappelijke verdiensten van de eerste bacteriologische *patron*: hij was een pionier geweest, een onvermoeibaar werker en organisator, die een hecht onderzoeksteam had weten te vormen. Hij had bijzonder veel gehouden, zo luidde het, van *la jeunesse laborieuse*. Denys was voor zijn leerlingen een man aan wie zij niet alleen kennisidealen toeschreven, maar in wie zij ook allerlei deugden herkenden: hun leermeester was toegewijd en genereus geweest, oprecht, rechtschapen en afkerig van elk vertoon. Denys belichaamde voor hen (althans de zoektocht naar) het Ware, maar ook het Goede. (LD)

The Bacteriological Institute could soon boast a very comprehensive collection of laboratory equipment. Among other things, this included the standard instruments for optical measurements, a steam sterilisation device and the necessary apparatus for sterilising sera. All of this apparatus took over the laboratories and spilled out into storage rooms and the serum production workshops.

Thus Joseph Denys continued to expand his institute, until his retirement in 1920, when he was succeeded by Richard Bruynoghe. On his gravestone, in 1932, his oldest pupil, Albert Lemaire, would testify to the scientific achievements of the first bacteriological *patron*: he had been a pioneer, a tireless worker and organiser, who had succeeded in forming a close-knit research team. He had shown particular affection, it was said, for *la jeunesse laborieuse*. Denys was a man to whom his pupils did not just ascribe knowledge-related ideals, but in whom they also saw all kinds of virtues: their teacher had been dedicated and generous, honest, honourable and averse to any kind of ostentation. For them, Denys embodied (at least the quest for) the True, but also the Good. (LD)

61

Institut Carnoy - Microscopie

Zaal voor microscopisch onderzoek in het Rega-Instituut
Room for microscopic research in the Rega Institute

Deze microscopiezaal maakte geen deel uit van het in het Villerscollege in de Vaartstraat gehuisveste Carnoy-Instituut, zoals het bijschrift bij de foto aangeeft, maar wel van de School voor Farmacie in de Minderbroederstraat. Wat tevoren twee herenwoningen waren geweest, waarvan er een tot 1881 door rector Alexandre Joseph Namèche was bewoond, werd in 1882 verbouwd tot een wetenschappelijk instituut. Farmacie en Histologie vonden er een onderkomen op respectievelijk de gelijkvloerse en de eerste verdieping. Al gauw stond het gebouw bekend als het 'Rega-Instituut' vanwege de krachtige symboliek die uitging van de verwijzing naar de gelijknamige hoogleraar, die in 1744 in Leuven een amfitheater voor zijn anatomische lessen had laten bouwen.

Het gebouw op de foto kon worden geïdentificeerd door de metalen steunbalken die na de sloop van de binnenmuren waren aangebracht. Die doorbraak was bedoeld om voldoende natuurlijk licht in de ruimte te laten binnenvallen, onontbeerlijk bij praktijkonderricht in de microscopie. Dit was veel belangrijker dan een goed uitzicht op krijtbord en katheder. De werkbanken stonden dan ook op de ramen georiënteerd. (TVB)

This microscopy room was not part of the Carnoy Institute in Villers College on Vaartstraat, as the caption to the photograph indicates, but of the School for Pharmacy on Minderbroederstraat. What had previously been two townhouses, one of which was occupied by Rector Alexandre Joseph Namèche until 1881, was converted in 1882 into a scientific institute. Pharmacy and Histology were housed there on the ground and first floor respectively. The building soon became known as the 'Rega Institute' because of the powerful symbolism of the reference to the professor of that name, who had had an amphitheatre constructed for his anatomy classes in Leuven in 1744.

The building in the photograph could be identified from the metal support girders that were added after the demolition of the internal walls. They were knocked down in order to allow sufficient natural light to enter the space – indispensable for practical instruction in microscopy. This was far more important than a good view of the blackboard and lectern. The workbenches were therefore positioned in line with the windows. (TVB)

62

Institut Carnoy - Microscopie

Laboratorium in het Rega-Instituut
Laboratory in the Rega Institute

Ook in dit geval gaat het niet om een ruimte in het Carnoy-Instituut. De foto toont wél een zijkamer van de microscopiezaal op de eerste verdieping van het Rega-Instituut. Bij de inwijding van het gebouw in 1884, gaf hoogleraar-apotheker Gustave Bruylants, de bezieler van het geheel, hoog op van de spaarzaamheid waarmee alles tot stand was gekomen. Dat die spaarzaamheid verder ging dan vrome katholieke retoriek, moge blijken uit het feit dat zelfs het bestaande parket en het behangselpapier van de vroegere woning werden gerecupereerd.

De kamer maakte deel uit van het laboratorium voor histologie van Emile Venneman. Een onmisbaar instrument voor microscopie is de microtoom. Hiermee wordt materie in kleine schijfjes gesneden om tussen de proefglaasjes van de microscoop te passen. Het toestel werd nadrukkelijk in beeld gebracht door het op de tafel midden in de kamer te plaatsen.

Kort na Vennemans overlijden in 1906 zouden de lokalen op de eerste verdieping van het Rega-Instituut in gebruik worden genomen voor farmacie en fysiologische chemie. (TVB)

Again, this is not a room in the Carnoy Institute. The photograph in fact shows a side-room off the microscopy room on the first floor of the Rega Institute. At the building's inauguration in 1884, the professor and pharmacist Gustave Bruylants, the inspiration behind the project, made much of the thriftiness with which everything had been created. That this was more than just pious Catholic rhetoric is apparent from the fact that even the existing wooden flooring and wall paper from the earlier dwelling were kept.

The room was part of Emile Venneman's laboratory for histology. One indispensable instrument for microscopy is the microtome, which is used to cut material into fine slices so that it can be placed between the slides of the microscope. The device was emphatically depicted by placing it on the table in the middle of the room.

Shortly after Venneman's death in 1906, the rooms on the first floor of the Rega Institute began to be used for pharmacy and physiological chemistry. (TVB)

63

Institut Carnoy - Microscopie

Laboratorium in het Rega-Instituut
Laboratory in the Rega Institute

Ook dit vertrek behoorde tot de afdeling Histologie van het Rega-Instituut. Het toont een zorgvuldige inrichting. Werktafels en het overige laboratoriummeubilair werden vaak vervaardigd naar een ontwerp van de verantwoordelijke hoogleraar zodat alle utensiliën een plaatsje kregen. Weegschalen, fragiele en dure toestellen, werden apart opgeborgen in glazen kastjes.

Het is opvallend dat de Laboratoria voor Histologie, de officiële benaming uit het jaarboek van de universiteit, zelden met die term werden aangeduid. Rond de eeuwwisseling sprak men over 'Kabinet' of, zoals in dit fotoalbum, over 'Microscopie' zonder meer. Niet alleen door de relatief sobere inrichting en uitrusting van deze plaatsen, zonder grote toestellen of massa's poeders en reageerbuizen, verschilden de laboratoria voor histologie van hun tegenhangers in de farmacie of chemie. Onderzoek met behulp van microscopen was geen 'vuil' werk en het werd bijgevolg niet nodig geacht om in het laboratorium een witte jas te dragen. Deze kamers beantwoordden minder goed aan het traditionele laboratoriumbeeld en werden daarom niet als zodanig benoemd. (TVB)

This room was also part of the Histology Department of the Rega Institute. It is carefully arranged. Workbenches and other laboratory furniture were often made to the design of the responsible professor, so that there was space for all the utensils. Weighing scales – fragile and expensive devices – were stored separately in glass cupboards.

It is striking that the Laboratories for Histology, as they were officially called in the university's yearbook, were rarely referred to as such. Around the turn of the century, the term 'Cabinet' was used or quite simply, as in this photograph album, 'Microscopy'. The relatively plain décor and equipment of these places, without large pieces of equipment or numerous different powders and test-tubes, was not the only way in which the laboratories for histology differed from their counterparts in pharmacy or chemistry. Research using microscopes was not 'dirty' work, so it was not deemed necessary to wear a white coat in the laboratory. These rooms conformed less closely to the traditional image of the laboratory, and were therefore not referred to as such. (TVB)

64

Laboratoire de Chimie pharmaceutique

Laboratorium voor Farmaceutische Scheikunde in het Rega-Instituut
Laboratory for Pharmaceutical Chemistry in the Rega Institute

Op de benedenverdieping van het Rega-Instituut, het domein van Gustave Bruylants, was het grote practicumlaboratorium gelegen. De zaal was wel tweehonderd vierkante meter groot en vijf meter hoog. Elke student – en dit waren zowel studenten in de farmacie en de geneeskunde als studenten in de biologie – kon er beschikken over stromend water en gastoevoer, alsook over een kastje voor het opbergen van de benodigdheden voor de practica fysiologische en farmaceutische chemie.

Maar ook hier was de inrichting uiterst sober. De originele vloer en de binnendeuren van verschillende grootte uit de twee oorspronkelijke woonhuizen waren behouden. Bruylants vond het maar een donkere, onaangename plaats en achtte ze zelfs een gevaar voor de gezondheid. Hij was echter vooral bezorgd over een groeiend ruimtegebrek: vanaf het einde van de negentiende eeuw namen de studenten steeds meer plaats in zodat het leek alsof zij het hele instituut begonnen in te palmen. Dat er creatief met ruimte werd omgesprongen, is in elk geval te merken aan de met voorraadrekken 'versierde' gietijzeren pijler. (TVB)

On the ground floor of the Rega Institute, Gustave Bruylants' territory, the large practical laboratory was located. The room was a good two hundred metres square and five metres high. Each student – and that meant students in pharmacy and medicine as well as students in biology – had access to running water and a gas supply, as well as a cupboard in which to store the necessary items for practicals in physiological and pharmaceutical chemistry.

Here too, though, the décor was extremely plain. The original flooring and internal doors of differing sizes from the two original houses had been kept. Bruylants considered it a dark, unpleasant place, and even regarded it as presenting a health risk. However, his main concern was with the growing shortage of space: from the end of the nineteenth century onwards, the students took up more and more space, so that it seemed as though they were starting to take over the entire institute. The creative use that was made of the space is certainly indicated by the cast iron pillar, which is 'adorned' with storage racks. (TVB)

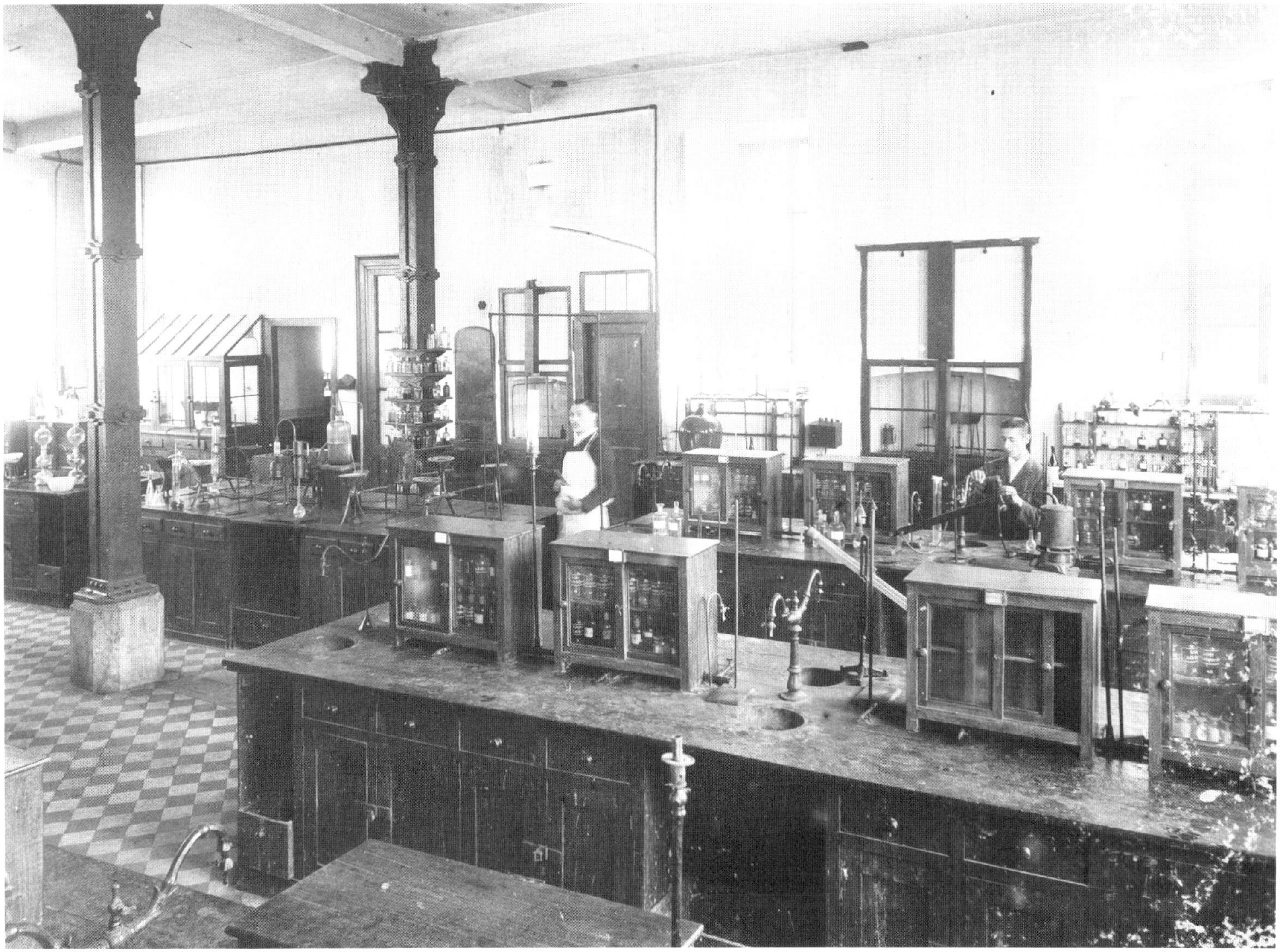

65

Laboratoire de Chimie pharmaceutique

Laboratorium voor Farmaceutische Scheikunde in het Rega-Instituut
Laboratory for Pharmaceutical Chemistry in the Rega Institute

Naast het grote laboratorium, waar het een voortdurend komen en gaan van studenten was, telde de benedenverdieping van het Rega-Instituut nog een aantal kleinere kamers zoals dit laboratorium voor fysiologische chemie. Het door de fotograaf vastgelegde beeld toont alle kenmerken van het archetype van een laboratorium, zoals dat zich in de geesten had vastgezet, onder meer door de aanwezigheid van reageerbuisjes, netjes op een rij in hun houder, en allerlei chemische producten in gelijkvormige glazen potjes, al even keurig tegen de wand gerangschikt. Distilleerkolven, erlenmeyer en bunsenbrander binnen handbereik, veel natuurlijk licht, gaslampen en ook stromend water maken het plaatje compleet.

Door zijn zware onderwijslast – in 1900 omvatte die fysiologische chemie, organische farmacie, toxicologie en voedingsanalyse – was Gustave Bruylants een van de weinige hoogleraren die al sinds het einde van de negentiende eeuw een vaste assistent in dienst had. Maar dat had wel wat voeten in de aarde gehad. Bruylants had tijdens de jaren 1880 het vak histochemie zelfs onbezoldigd gegeven en bovendien een deel van het examengeld aan zijn neus voorbij zien gaan alvorens hij een benoeming en vaste hulp in zijn laboratoria kreeg. (TVB)

As well as the large laboratory, where students were continually coming and going, the ground floor of the Rega Institute also had a number of smaller rooms such as this laboratory for physiological chemistry. The picture composed by the photographer shows all the characteristics of the archetypal laboratory as people imagined it, including the presence of test-tubes, neatly in a row in their holder, and all kinds of chemicals in identical glass jars, all arranged neatly against the wall. Distillation retorts, conical Erlenmeyer flasks and Bunsen burners within easy reach, plenty of natural light, gas lamps and running water complete the picture.

Because of his heavy teaching load – in 1900 this included physiological chemistry, organic pharmacy, toxicology and food analysis – Gustave Bruylants was one of the few professors who had already had a permanent assistant working for him since the late nineteenth century. This was quite an achievement. During the 1880s, Bruylants had actually taught histochemistry without remuneration, and had also foregone part of the examination fees before he gained an appointment and permanent assistance in his laboratories. (TVB)

66

Laboratoire de Pharmacie

Apotheek
Pharmacy

Omstreeks de eeuwwisseling barstte het Instituut voor Farmacie bijna uit zijn voegen: het studentenaantal bleef stijgen, inrichting en uitrusting waren onaangepast. Omstreeks 1900 werd in een aanpalende vleugel van het Justus-Lipsiuscollege (in het Rega-Instituut?) een heuse leer-apotheek ingericht ter voorbereiding op het beroepsleven. Het is die apotheek die hier wordt getoond.

Aardewerken of glazen apothekerspotten en de vijzel, goed zichtbaar op de foto, zijn nog steeds herkenbare symbolen van de farmacie. De uitdrukking 'pillendraaier' en 'een vergulde pil' verwijzen thans naar een verdwenen farmaceutische praktijk. Op de voorgrond ligt ook een langwerpige houten pillenplank. Daarin werden pillen gedraaid die steevast uit dezelfde dropachtige substantie bestonden, waarbij dan naargelang de te behandelen kwaal werkzame elementen werden gevoegd. Alle pillen zagen er dus hetzelfde uit, maar wie het zich kon veroorloven, liet de 'banale' pillen omhullen met een dun laagje goud of zilver. Daartoe diende het kleine ronde potje in hout of hoorn dat op de toonbank stond: de donkerbruine balletjes werden samen met wat bladgoud in de pillenvergulder rondgedraaid. (TVB)

Around the turn of the century, the Institute for Pharmacy was all but bursting at the seams: student numbers were still climbing, and the décor and equipment were inadequate. Around 1900, a proper teaching pharmacy was set up in an adjoining wing of Justus-Lipsius College (in the Rega Institute?) to prepare for professional life. It is this pharmacy that is shown here.

Earthenware or glass pestles and the mortar, clearly visible in the photo, are still recognisable symbols of the pharmacy. Expressions such as 'pill-roller' and 'a gilded pill' refer to a pharmaceutical practice that has now disappeared. In the foreground there also lies an elongated wooden pill tray, in which pills were rolled. These invariably consisted of the same liquorice-like substance, to which active ingredients were added depending on the condition requiring treatment. All pills thus looked the same, but anyone who could afford to do so would have the 'common' pills coated with a thin layer of gold or silver. This was the purpose of the small round pot made of wood or horn that stood on the display counter: the dark brown balls were rolled around in the pill-gilder together with some gold leaf. (TVB)

67

Laboratoire de Pharmacie

Farmaceutisch Laboratorium in het Rega-Instituut
Pharmaceutical Laboratory in the Rega Institute

Het jaarboek van de universiteit beschrijft de balansenkamer – in vele wetenschappelijke instituten kregen de kostbare weegschalen een afzonderlijke zaal – en de donkere kamer van het Rega-Instituut als aparte kabinetten. Fraaie schetsen van pas opgerichte instituten konden weleens optimistisch uit de hoek komen: het houten tussenschot met verduisteringsdoek is nauwelijks een apart kabinet te noemen.

Qua instrumentarium bezat het farmaceutisch instituut omstreeks 1900 echter het neusje van de zalm. De polarimeter in de doka was een recent model en de schrijfmachine vooraan is naast de balansen meteen een derde kostbaar instrument in beeld. Het is een van de vroegste commerciële exemplaren: de in 1880 in New York op de markt gebrachte Calligraph. Het model op de foto, met zwarte toetsen voor kapitalen en witte voor minuskels, was eind negentiende eeuw het allernieuwste snufje. Het is een opmerkelijk gegeven, zeker als men bedenkt dat voor de rectorale briefwisseling pas na de Eerste Wereldoorlog een schrijfmachine in gebruik werd genomen. De Thonetstoelen – *Stuhl Nr 14* – maken het plaatje compleet. (TVB)

The university yearbook describes the scales room – in many scientific institutes the costly weighing scales had their own room – and the dark room of the Rega Institute as separate cabinets. Beautiful sketches of newly established institutes could sometimes be rather optimistic: the wooden partition with the dark cloth can scarcely be called a separate cabinet.

In terms of equipment, however, the pharmaceutical institute had state-of-the-art stuff around 1900. The polarimeter in the darkroom was a recent model and, with the weighing scales, the typewriter in the front is the third expensive instrument in the picture. It is one of the earliest commercial examples: the Calligraph, first put on the market in New York in 1880. The model in the photo, with black keys for capitals and white for lower-case, was the very latest novelty at the end of the nineteenth century. Its presence is remarkable, particularly when one considers that a typewriter was only used for the rector's correspondence after the First World War. The Thonet chairs – *Stuhl Nr 14* – complete the picture. (TVB)

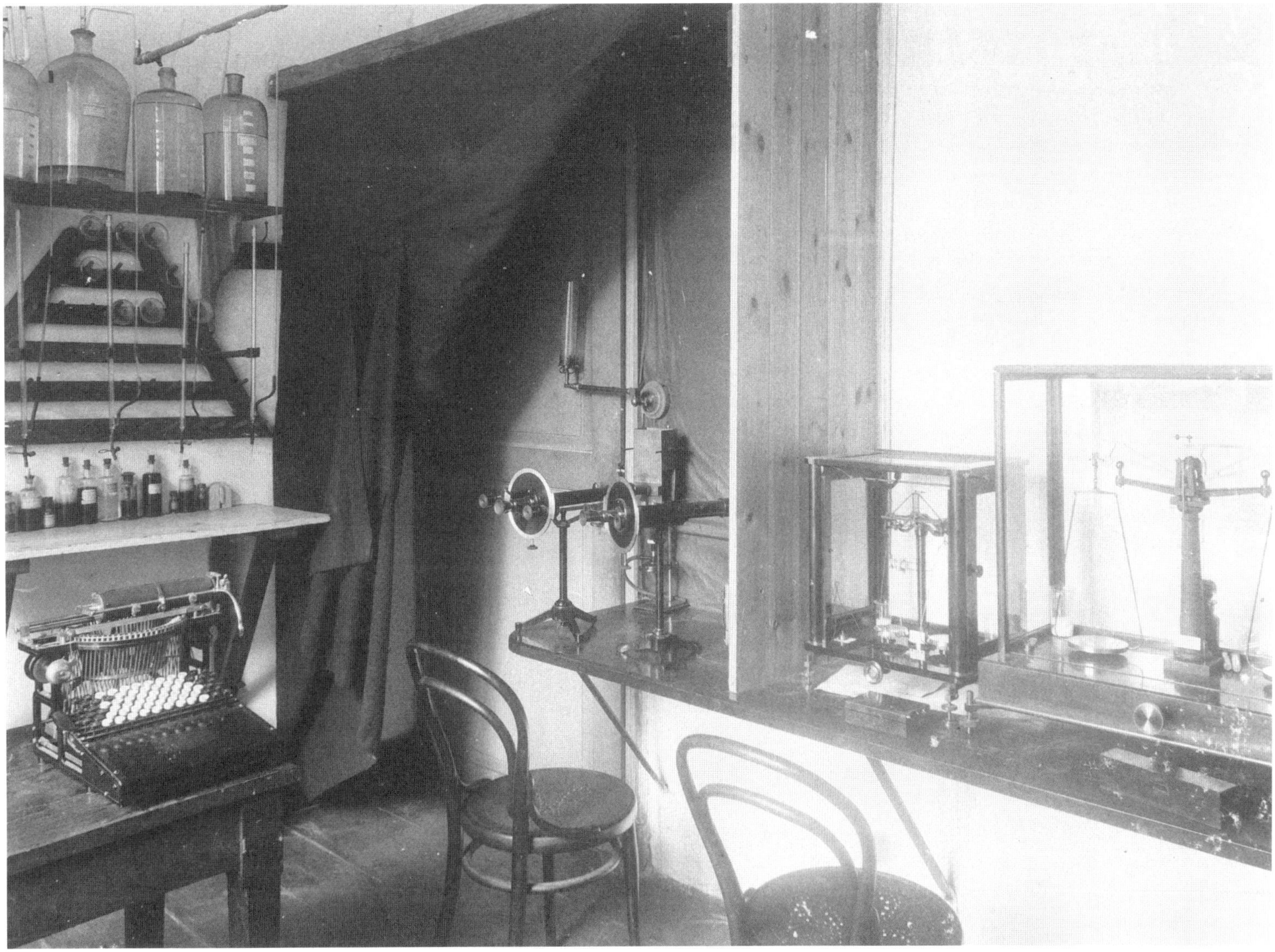

68

Laboratoire de Pharmacie

Farmaceutisch Laboratorium in het Rega-Instituut
Pharmaceutical Laboratory in the Rega Institute

198 De grote glazen voorraadpotten langs de wand verraden dat dit een binnenaanzicht is van het preparatielokaal voor chemische onderzoeksstoffen in het Rega-Instituut. Deze ruimte werd ook aangeduid als het 'labo H_2S' of het waterstofsulfidelaboratorium. De zeer toxische stof verspreidt de kenmerkende geur van rotte eieren. Of liever, de stof zorgt voor de sterke geur die organisch materiaal bij rotting afgeeft. Dit brengt meteen de dagelijkse realiteit van chemische laboratoria in herinnering.

Naast creatief experimenteren en praktijkonderricht droeg Gustave Bruylants ook vakkennis en technische kunde hoog in het vaandel. Wat hij van zijn leermeester, de legendarische scheikundige Louis Henry, opstak, zette hij dus ook om in de praktijk van zijn eigen instituut. Uit de ruime voorraad reagentia werden gevaarlijke stoffen ter plekke bereid en behandeld. Aan de vooravond van de Eerste Wereldoorlog bekloeg Bruylants zich echter bij rector Paulin Ladeuze: door het toenemend aantal studenten waren er steeds meer ongelukjes en kon hij de veiligheid niet langer garanderen. (TVB)

The large glass storage jars along the wall show that this is an interior view of the preparation room for research chemicals in the Rega Institute. This room was also known as the 'H_2S lab' or hydrogen sulphide laboratory. This highly toxic substance has the characteristic odour of rotten eggs. More general, the chemical is responsible for the strong smell that organic material gives off when it is rotting. This immediately recalls the everyday reality of chemical laboratories.

In addition to creative experimentation and practical instruction, Gustave Bruylants also attached great importance to professional knowledge and technical skill. What he picked up from his teacher, the legendary chemist Louis Henry, he thus put into practice in his own institute. From the ample stock of reagents, hazardous chemicals were prepared and handled in situ. However, on the eve of the First World War Bruylants complained to Rector Paulin Ladeuze that due to the increasing numbers of students there were more and more accidents and safety could no longer be ensured. (TVB)

69

Laboratoire de Pharmacie

Farmaceutisch Laboratorium in het Rega-Instituut
Pharmaceutical Laboratory in the Rega Institute

Het is niet echt duidelijk welke ruimte hier wordt afgebeeld. Aansluitend bij de vorige foto's zou dit het assistentenlaboratorium voor farmacie en fysiologische chemie kunnen zijn. Naast de eerder beschreven vertrekken telde de benedenverdieping van het Rega-Instituut immers nog een kleiner, bijkomend laboratorium waarover werd geklaagd dat studenten het tijdens de practica geregeld inpalmden.

Dezelfde ruimte wordt elders echter geïdentificeerd als een chemisch laboratorium in het Landbouwinstituut. Beide gebouwen waren in de Minderbroederstraat gelegen en zelfs tijdgenoten lijken elkaar hier tegen te spreken.

Dit geeft aan dat laboratoria vaak als plaatsloze plekken kunnen gelden. Ze zagen en zien er vaak ongeveer hetzelfde uit, zeker als het om nauw verwante vakgebieden gaat. Onrechtstreeks impliceert dit de gedachte dat wetenschap een universele bezigheid is, met universeel geldende resultaten. Het is een aanname die de voorbije jaren door vele wetenschapshistorici en -filosofen sterk ter discussie is gesteld. (TVB)

It is not entirely clear which room is pictured here. Following on from the previous photographs, it could be the assistants' laboratory for pharmacy and physiological chemistry. As well as the rooms already described, the ground floor of the Rega Institute had an additional, smaller laboratory which, it was complained, students regularly took over during practicals.

However, what is clearly the same room is identified elsewhere as a chemical laboratory in the Agricultural Institute. Both buildings were situated on Minderbroederstraat, and even contemporaries seem to contradict one another on this point.

This indicates that laboratories can often be regarded as non-locations. They often looked (and still do look) more or less the same, particularly for closely related disciplines. Indirectly, this implies the notion that science is a universal occupation, with universally valid results – an assumption that has been seriously called into question in recent years by many historians and philosophers of science. (TVB)

70

Laboratoire de Chimie Biologique

Laboratorium voor Biochemie van het Carnoy-Instituut in het Villerscollege
Laboratory for Biochemistry of the Carnoy Institute in Villers College

Manille Ide, die bij de befaamde Duitse fysioloog Carl Ludwig had gestudeerd en die gedurende een kwarteeuw de *Revue médicale de Louvain* zou leiden, was aan de Leuvense universiteit de eerste die zich aan de biochemie wijdde. In het midden van de jaren 1890 werd hij benoemd aan de faculteit Geneeskunde. Hij kreeg daarop een laboratorium toebedeeld in het tot wetenschappelijk instituut verbouwde Villerscollege. Daar verzamelde 'papa Ide', zoals hij door zijn doctoraatsstudenten liefkozend werd genoemd, decennialang zijn 'zonen' om zich heen om hen in te wijden in de geheimen van de farmacologie, de fysiologie en de biochemie. In 1915 vond hij een ander onderkomen in het nieuwe Instituut voor Fysiologie in de Dekenstraat.

Als geestdriftig docent en onderzoeker werd Ide door rector Paulin Ladeuze *l'homme des laboratoires* genoemd. Zijn eerste laboratorium werd later nochtans getypeerd als klein en weinig comfortabel. Op de foto is daarentegen een lichte en goed geëquipeerde ruimte te zien, met aangepast meubilair en een gemakkelijk te onderhouden tegelvloer. Dit laatste was van groot belang aangezien er vaak met organisch materiaal werd geëxperimenteerd. (TVB)

Manille Ide, who had studied with the famed German physiologist Carl Ludwig and would edit the *Revue médicale de Louvain* for a quarter of a century, was the first to devote himself to biochemistry at the University of Leuven. In the mid-1890s, he was appointed to the Faculty of Medicine. He was also allocated a laboratory in Villers College, which was converted into a scientific institute. There, for decades, 'Papa Ide', as he was lovingly called by his doctoral students, gathered his 'sons' around him in order to initiate them into the secrets of pharmacology, physiology and biochemistry. In 1915 he found new accommodation in the new Institute for Physiology on Dekenstraat.

As a passionate teacher and researcher, Ide was called *l'homme des laboratoires* by Rector Paulin Ladeuze. However, his first laboratory was later described as small and difficult to work in. By contrast, the photograph shows a light, well-equipped room, with adapted furniture and an easy-to-maintain stone floor. This last feature was of great importance, as experiments often involved organic material. (TVB)

71

Bibliothèque - Institut Carnoy

Bibliotheek van het Carnoy-Instituut in het Villerscollege
Library of the Carnoy Institute in Villers College

In 1876 lieten de zusters Redemptoristinnen het Villerscollege verbouwen tot klooster. Op de verdieping werd een kapel ingericht in neogotische stijl, met vensters in maaswerk. Ruim tien jaar later werd het gebouw op voorspraak van celbioloog Jean-Baptiste Carnoy aangekocht door de universiteit. In de voormalige kapel werd de bibliotheek van het nieuwe instituut voor biologie en cytologie ondergebracht. Naast *La Cellule*, sinds 1884 uitgegeven door de Leuvense celbiologen, werden in de bibliotheek 175 tijdschriften ter consultatie aangeboden. Het leeuwendeel van die collectie werd ontvangen in ruil voor exemplaren van *La Cellule*. Voor vele tijdgenoten leverden deze ruilabonnementen het bewijs dat in het instituut een onderzoekschool van internationale allure huisde.

Er heerste zeker een grote bedrijvigheid in het Carnoy-Instituut. De leden van de vijf onderzoekslaboratoria – cytologie, microbiologie, histologie, embryologie en biochemie – publiceerden veel en kwamen om de veertien dagen samen in de bibliotheek om hun resultaten te bespreken. Tijdens deze conferenties konden ook studenten hun onderzoek voorstellen. (TVB)

In 1876, the Redemptorist Sisters had Villers College converted into a convent. On the upper floor, a chapel was created in neo-Gothic style, with tracery windows. Over ten years later, through the intervention of the cellular biologist Jean-Baptiste Carnoy, the building was purchased by the university. The former chapel housed the library of the new Institute for Biology and Cytology. As well as *La Cellule*, published by Leuven's cellular biologists since 1884, 175 other journals were available for consultation in the library. The lion's share of this collection was received in exchange for copies of *La Cellule*. For many contemporaries, these cross-subscriptions provided evidence that the institute was home to a research school of international stature.

There was certainly an atmosphere of great industriousness in the Carnoy Institute. The members of the five research laboratories – cytology, microbiology, histology, embryology and biochemistry – published extensively and met in the library every fortnight to discuss their results. During these conferences, students could also present their research. (TVB)

72

Institut Carnoy - Microscopie

Zaal voor microscopisch onderzoek in het Carnoy-Instituut in het Villerscollege
Room for microscopic research in the Carnoy Institute in Villers College

206 Het instituut in de Vaartstraat werd al snel vernoemd naar zijn bezieler, Jean-Baptiste Carnoy. Het gebouw telde naast de onderzoeksruimten ook twee didactische laboratoria. Deze instructielokalen vormden de perfecte afspiegeling van de pedagogische en wetenschappelijke opvattingen van de hoogleraar biologie. Zijn *credo* 'In de natuurwetenschappen weet men slechts wat men al honderd keer geconstateerd en gemanipuleerd heeft' gaf hij ook ruimtelijk vorm: geen auditoria, enkel laboratoria ...

Studenten werden vanaf de eerste dag van hun opleiding achter een microscoop geplaatst. Zij werkten per twee onder leiding van de hoogleraar en diens assistenten. In het grote didactische laboratorium werden ze ingewijd in de botanica, de celbiologie, de plantenzieken en in de vergelijkende dierenhistologie. Elke student kreeg, na betaling van een flinke som laboratoriumgeld en een waarborg, een genummerde plaats en een kastje waarin hij zijn glaswerk en toebehoren voor de lessen kon opbergen. Krijtbord en katheder kregen bewust een plaats tegen de zijmuur: ze werden alleen bij het begin en het einde van een les gebruikt. (TVB)

The institute on Vaartstraat was soon named after its leading light, Jean-Baptiste Carnoy. As well as the research rooms, the building also had two teaching laboratories. These instruction premises perfectly reflected the educational and scientific ideas of the biology professor. He gave shape in spatial terms to his *credo* 'In the natural sciences one only knows what one has already observed and handled a hundred times': thus no auditoria, only laboratories ...

From day one of their course, students were put behind a microscope. They worked in pairs under the supervision of the professor and his assistants. In the large teaching laboratory they were initiated into botany, cellular biology, plant diseases and comparative animal histology. On payment of a substantial laboratory fee and a deposit, each student was given a numbered place and a cupboard in which he could store his glassware and accessories for the classes. Blackboard and lectern were deliberately allocated a place against the side wall: they were only used at the beginning and end of a class. (TVB)

73

Institut Carnoy - Microscopie

Zaal voor microscopisch onderzoek in het Carnoy-Instituut in het Villerscollege
Room for microscopic research in the Carnoy Institute in Villers College

Van zodra de studenten voldoende technische vaardigheid bezaten en de microscoop correct konden bedienen, mochten ze verhuizen van het didactische 'debutantenlab' naar de kleinere zaal voor persoonlijk onderzoek. Daar stond een opvallende grote vitrinekast waarin alle interessante preparaten werden bewaard.

Hoewel de tweedeling tussen onderwijs en onderzoek dus ook ruimtelijk vorm kreeg in het instituut, heerste er een open klimaat. De deuren van de onderzoekslaboratoria stonden ook open voor studenten.

Intussen werd de apparatuur uitgebreid. Jean-Baptiste Carnoy had omstreeks 1880 zijn eerste laboratorium in het Pauscollege met vijftig zelf betaalde Zeissmicroscopen uitgerust. Die collectie was gestaag aangegroeid en zou tot ver in de twintigste eeuw haar diensten bewijzen aan studenten op het instituut in de Vaartstraat. Victor Grégoire – hij komt op de vorige foto de microscopiezaal binnen – nam in 1899 de fakkel van zijn leermeester Carnoy over. Grégoire liet het instituut aanpassen, waarbij hij zich bekommerde om de kleinste details, zoals het ontwerp van een ideale werktafel. (TVB)

Once the students had sufficient technical skill and could use the microscope properly, they could move from the teaching 'beginners' lab' to the smaller room for personal research. This had a striking large display cabinet in which interesting slides were kept.

Although the division between teaching and research was thus given spatial expression in the institute, an open atmosphere prevailed. The doors of the research laboratories were open to students too.

In the meantime, the apparatus was expanded. Jean-Baptiste Carnoy had equipped his first laboratory in Pope's College with fifty Zeiss microscopes that he purchased himself, in 1880. This collection had gradually grown, and would be used by students at the institute on Vaartstraat until well into the twentieth century. Victor Grégoire – shown entering the microscopy room in the previous photograph – took over the torch from his teacher Carnoy in 1899. Grégoire had the institute adapted, taking care over the slightest details, such as the design of the ideal workbench. (TVB)

74

Institut Agronomique et Ecole de Brasserie

Landbouwinstituut en Brouwerijschool
Agricultural Institute and Brewing School

Deze foto toont de voorgevel van het Landbouwinstituut omstreeks 1900. Het instituut was in 1878 opgericht om een katholieke opleiding voor landbouwingenieurs te garanderen. In 1883 vond het aansluiting bij de faculteit Wetenschappen van de universiteit. Voortaan mocht het instituut gebruik maken van een pand in de Minderbroedersstraat.

De Brouwerijschool werd in oktober 1887 opgericht en was van bij de aanvang aan het Landbouwinstituut verbonden. Op aanraden van rector Jan Baptist Abbeloos reisde ingenieur en brouwerszoon Jules Vuylsteke in de loop van 1888 en 1889 op eigen kosten langs scholen en brouwerijen overal in Europa om voldoende kennis te verwerven om de school te leiden. De Brouwerijschool was weliswaar nauw gelieerd aan het Landbouwinstituut door een staf van gemeenschappelijke docenten en het gebruik van gemeenschappelijke lokalen, maar toch werd de werking strikt gescheiden gehouden. Na de fusie ijverde Abbeloos bij de bisschoppen voor een dringende uitbreiding van de lokalen, die al snel te krap bleken. (SO)

This photograph shows the front façade of the Agricultural Institute in around 1900. The institute was established in 1878 in order to ensure a Catholic education for agronomists. In 1883, it was attached to the Faculty of Science of the university. From then on, the institute was able to use premises on Minderbroedersstraat.

The Brewing School was established in October 1887 and was associated with the Agricultural Institute from the start. On the recommendation of Rector Jan Baptist Abbeloos, Jules Vuylsteke, an engineer and brewer's son, toured schools and breweries throughout Europe at his own expense in the course of 1888 and 1889 in order to acquire sufficient knowledge to run the school. Although the Brewing School was closely associated with the Agricultural Institute, with a staff of shared lecturers and the use of common premises, its functioning was kept strictly separate. After the merger, Abbeloos pressed the case with the bishops for the urgent need to expand the premises, which had quickly proved too cramped. (SO)

75

Institut Agronomique - Laiterie - Musée

Laboratorium voor Melkkunde en Zuivelbereiding in het Landbouwinstituut
Laboratory for Milk and Dairy Science at the Agricultural Institute

Vanaf 1890 ging Auguste Theunis, die in Leuven scheikunde onderwees aan de landbouwingenieurs, van start met colleges over melkkunde en industriële zuivelbereiding. Deze lessen vonden plaats in het Villerscollege, dat in 1889 door de universiteit was aangekocht. Theunis schreef een driedelige syllabus *L'Industrie laitière*, met aandacht voor de scheikundige samenstelling van gezonde en vervallen melk, voor de bewaring ervan en voor boterbereiding. Er werd ook een soort melkhuis, eigenlijk een klein museum over zuivelbereiding, ingericht. Dit werd immers als onmisbaar beschouwd voor de praktische opleiding van de studenten: zij moesten kunnen zien en voelen.

Het melkerijmuseum van het Landbouwinstituut bevatte wandplaten als handleiding bij de moderne apparatuur, maar ook verschillende karnmolens, ontromers, Swartz-vaten, pasteurisatie-toestellen en melkkannen. Toen in mei 1896 aan het Heilig-Hartinstituut in Heverlee een modelhoeve met een melkfabriekje (stoommelkerij) werd opgericht om hoger landbouwonderwijs voor meisjes te kunnen organiseren, zegde Theunis zijn medewerking toe. Tot 1907 was hij er verantwoordelijk voor de cursus industriële zuivelbereiding. (SO)

In 1890, Auguste Theunis, who taught chemistry to agronomists in Leuven, began lecturing on milk and industrial dairy science. These classes were held in Villers College, which had been purchased by the university in 1889. Theunis wrote a three-volume syllabus *L'Industrie laitière*, which included the chemical composition of fresh and rotten milk, the preservation of milk and the preparation of butter. A kind of dairy, which was in fact a small museum of dairy science, was also set up. This was regarded as indispensable for the students' practical training: they needed to be able to see and feel for themselves.

The dairy museum of the Agricultural Institute had wall charts which served as a guide to modern apparatus, as well as various churning mills, decreamers, Swartz vats, pasteurisation devices and milk churns. When a model farm with a milk factory (steam dairy) was set up in May 1896 at the *Institut du Sacré Coeur* in Heverlee in order to organise higher education in agriculture for girls, Theunis agreed to be involved. Until 1907 he was responsible for the industrial dairy science course there. (SO)

76

Institut Agronomique - Auditoire

Auditorium van het Landbouwinstituut
Auditorium of the Agricultural Institute

| 214 | Net als zijn voorganger Alphonse de Marbaix doceerde Leopold Frateur, die internationale bekendheid verwierf door zijn pioniersonderzoek naar erfelijkheid bij dieren, vanaf 1899 het vak zoölogie in het *Auditoire-laboratoire de Zootechnie et Zoologie*. De studenten werden er in groepen verdeeld en elke groep kreeg telkens een aantal preparaten ter dissectie. 'De studie van de anatomie voltrekt zich niet in boeken, maar op anatomische stukken', aldus Frateur. Het was met andere woorden een trend aan de Leuvense universiteit van rond de eeuwwisseling: kennis werd pas echte kennis als zij verder ging dan de loutere theorie.

Het auditorium van het Landbouwinstituut bezat daarom ook een rijke didactische collectie. In de kasten stonden bokalen met preparaten en ook skeletten van huisdieren werden geëxposeerd. Het imposante skelet van het paard werd vermoedelijk door De Marbaix meegebracht uit Utrecht. Deze skeletten waren heel geschikt om de fysiologie van huisdieren te onderwijzen, maar volgens een vaak terugkerende klacht waren ze erg aan slijtage onderhevig. Verder waren er verzamelingen hoefbeslag, een collectie kaakbenen voor de ouderdomsbepaling van huisdieren, en voorts gipsen afgietsels op schaal van soorten paarden, runderen, schapen en geiten, net als wandplaten met paarden in verschillende kleuren. (SO)

Like his predecessor Alphonse de Marbaix, Leopold Frateur, who gained international fame through his pioneering research into heredity in animals, taught zoology at the *Auditoire-laboratoire de Zootechnie et Zoologie* from 1899 onwards. The students were split into groups, and each group was given a number of preparations to dissect in each class. 'The study of anatomy is accomplished not in books, but on anatomical parts,' said Frateur. This was a trend at the University of Leuven around the turn of the century: knowledge only became true knowledge when it went beyond pure theory.

The auditorium of the Agricultural Institute therefore had a rich teaching collection. The cupboards contained glass jars with preparations, and skeletons of domestic animals were also exhibited. The imposing horse skeleton was probably brought from Utrecht by De Marbaix. These skeletons were ideal for teaching the physiology of domestic animals, but there were recurrent complaints about how susceptible they were to wear and tear. There were also collections of farriery, a collection of jawbones to determine the age of domestic animals, and life-size plaster casts of species of horse, cattle, sheep and goat, as well as wall charts of horses in various colours. (SO)

77

Ecole de Brasserie - Laboratoire

Laboratorium in de Brouwerijschool
Laboratory in the Brewing School

Het curriculum van de Leuvense Brouwerijschool was gebaseerd op de programma's van de Duitse brouwerijscholen. Het aantal college-uren varieerde van 14 (in het eerste jaar) tot 24 (in het derde jaar). In het eerste jaar kwamen vooral de wetenschappen aan bod met 6,5 uur practica, terwijl in het laatste jaar colleges over mouterij en brouwerij geprogrammeerd stonden, net als 13,5 uur laboratoriumoefeningen.

In het laboratorium voor 'zymotechnie' of gistproductie – één van de hoofdvakken – werd theoretisch en praktisch onderricht inzake het brouwen van bier verstrekt. Dit laboratorium werd in 1890 ingericht en bleef, in tegenstelling tot de laboratoria voor microbiologie, gevestigd in het gebouw aan de Minderbroedersstraat. Het bestond uit zeven zalen, die waren voorzien van apparatuur voor chemisch onderzoek van gisting, analyse van grondstoffen (brouwwater, granen, mout, hop), controle tijdens de productie en onderzoek van bier. De laboratoriuminstrumenten, onder meer afkomstig van de gereputeerde Duitse firma Franz Hügershoff uit Leipzig, bestonden uit glazen roerstaafjes, pipetten, buretten, sacharimeters en glazen bokalen met reagentia. (SO)

The curriculum of Leuven Brewing School was based on those of the German brewing schools. The number of lecture hours per week ranged from 14 (in the first year) to 24 (in the third year). The first year mainly focused on the sciences, with 6.5 hours of practicals, whereas malting and brewing were on the programme in the final year's lectures, as well as 13.5 hours of laboratory practice.

In the laboratory for 'zymotechnics' or yeast production – one of the main subjects – theoretical and practical instruction was given in the brewing of beer. This laboratory was established in 1890, and unlike the laboratories for microbiology, remained in the building on Minderbroedersstraat. It consisted of seven rooms, which were equipped with apparatus for chemical research into fermentation, the analysis of raw materials (brewing water, grains, malt, hops), checks during production and research into beer. The laboratory instruments, some of which came from the reputable German firm Franz Hügershoff from Leipzig, consisted of glass stirring rods, pipettes, burettes, saccharimeters and glass jars of reagents. (SO)

78

Ecole de Brasserie – Laboratoire

Laboratorium in de Brouwerijschool
Laboratory in the Brewing School

Philibert Biourge, directeur van het Laboratorium voor Microbiologie dat vanaf 1898 was ondergebracht in het Carnoy-Instituut, doceerde vanaf 1894 verschillende vakken en wijdde zich aan bacteriologisch onderzoek: hij observeerde microben onder de microscoop om hun eigenschappen te detecteren en ze te classificeren. Hij tekende en schilderde microben en hij kweekte ze ook. Gedurende veertig jaar legde hij een verzameling van micro-organismen aan, die werd aangeduid met de term 'mycothèque'. Deze collectie bevatte onder meer zeventien varianten van biergist, talrijke varianten van wilde gist en bierschadelijke bacteriën en een grote reeks van schimmels in levendige kleuren (geel, groen, roze of wit).

De faam van de kanunnik-hoogleraar was groot. Zijn verzameling legde de basis van de classificatie van de diverse soorten gist voor het Belgische brouwerijwezen. Geregeld werd Biourge door onderzoekers of brouwers verzocht om schimmels te identificeren of naar een diagnose te peilen. Het laboratorium trok bovendien vele buitenlandse onderzoekers aan. Ten slotte baarde deze opmerkelijke collectie ook opzien op de wereldtentoonstellingen in Antwerpen (1894) en Luik (1905).

Het album eindigde met andere woorden in schoonheid, een schoonheid die getuigde van wetenschappelijke doortastendheid en zin voor classificatie en van een werkelijkheid die wonderlijke gedaanten bleek te kunnen aannemen. (SO)

Philibert Biourge, director of the Laboratory for Microbiology that was housed in the Carnoy Institute from 1898, taught various subjects from 1894 onwards and devoted himself to bacteriological research: he observed microbes under the microscope in order to detect their characteristics and classify them. He drew and painted microbes, and also cultivated them. Over forty years, he created a collection of micro-organisms, referred to as the 'mycothèque'. This collection contained, among other items, seventeen variants of beer yeast, numerous variants of wild yeast and bacteria harmful to beer, and an extensive series of brightly coloured moulds (yellow, green, pink or white).

The canon-professor's fame was considerable. His collection laid the foundations for the classification of the different species of yeast for the Belgian brewing industry. Biourge was regularly asked by researchers or brewers to identify moulds or attempt a diagnosis. Moreover, the laboratory attracted numerous foreign researchers. This remarkable collection also proved a sensation at the world expositions in Antwerp (1894) and Liège (1905).

Thus the album closed in beauty, a beauty that testified to scientific thoroughness and eagerness for classification and to a world that, it had been discovered, could assume wonderful forms. (SO)

ACTION DES MÉTAUX
SUR LA BIERE

Beknopte literatuurlijst Brief bibliography

- *Annuaire de l'Université catholique de Louvain*, 1 (1837–).
- K. Bertrams, *Universités et entreprises. Milieux académiques et industriels en Belgique* (Brussel / Brussels 2006).
- R. de Bont, *Darwins kleinkinderen. De evolutietheorie in België, 1865–1945* (Nijmegen 2008).
- [V. Brants,] *L'Université de Louvain. Coup d'oeil sur son histoire et ses institutions, 1425–1900* (Brussel / Brussels 1900).
- V. Brants, 'Louvain', in: *The Catholic Encyclopedia* (New York 1910) vol. 9, 391-397.
- M. Brock, *Verlengstukken van het bewustzijn. Psychologische onderzoeksapparatuur uit de collectie Michotte* (Leuven 2010).
- A. Bruylants, 'Louis Henry (1834–1913) en de scheikunde te Leuven', in: *Academiae Analecta. Mededelingen van de Koninklijke Academie voor Wetenschappen, Letteren en Schone Kunsten van België*, 48 (1986), no. 4, 101-112.
- C. Coppens, M. Derez & J. Roegiers (ed.), *Universiteitsbibliotheek Leuven 1425–2000* (Leuven 2005).
- A. Cresens, *150 jaar fotografie te Leuven* (Brugge / Bruges 1989).
- *De toga om de wetenschap. Ontwikkeling in het hoger onderwijs in de geneeskunde, natuurwetenschappen en techniek in België en Nederland*, themanummer van / special issue of *Gewina*, 19 (1993), no. 3.
- M. Derez & L.F. Génicot, 'De Universiteitshal', in: J. Roegiers & I. Vandevivere (ed.), *Leuven / Louvain-la-Neuve. Kennis maken* (Leuven 2001) 35-54.
- P. Dhondt, *Un double compromis. Enjeux et débats relatifs à l'enseignement universitaire en Belgique au XIX*[e] *siècle* (Gent / Ghent 2011).
- B. van den Driessche, 'De musea van de Leuvense universiteiten', in: J. Roegiers & I. Vandevivere (ed.), *Leuven / Louvain-la-Neuve. Kennis maken* (Leuven 2001) 131-140.
- E. van Even, *Louvain dans le passé et le présent*, ed. G. Huybens (Leuven 2001).
- V. Filieux & F. Hiraux, *La recherche, passions, pratiques, parcours. La communauté scientifique à l'UCL depuis 1834* (Louvain-la-Neuve 2001).
- A. Gobin, *Professor J.-Leopold Frateur* (n.p. 1999) 2 vols.
- R. Halleux, J. Vandersmissen, A. Despy-Meyer & G. Vanpaemel (ed.), *Geschiedenis van de wetenschappen in België 1815–2000* (Brussel / Brussels 2001) 2 vols.
- F. Hiraux & F. Mirguet, *L'Institut supérieur de philosophie de Louvain (1889–1968). Inventaire des archives. Introduction historique* (Louvain-la-Neuve 2008).
- H. van Hove (ed.), *125 jaar ingenieursopleiding te Leuven 1864–1989. Gedenkboek* (Antwerpen-Keulen / Antwerp-Cologne 1988).
- *Jaarboekje der Leuvensche Hoogeschool, voor het jaar 1829*, 2 (1829).
- C. Jacob (ed.), *Lieux de savoir. Espaces et communautés* (Parijs / Paris 2007).
- M. Jaenen & E. van den Bulck, *Het Thermotechnisch Instituut. Een voorbeeld van industrieel academisch erfgoed* (Leuven – Voorburg 2008).
- A. Kaiser, *La Faculté de Médecine de l'Université de Louvain 1835–1890* (UCL licentiaatsverhandeling in Geschiedenis / licentiate thesis in History, Louvain-la-Neuve 1986).
- E. Lamberts & J. Roegiers (ed.), *De universiteit te Leuven 1425–1985* (Leuven 1985).
- J. Lemli (ed.), *Zeven eeuwen farmacie. Beroep en onderwijs te Leuven sinds de 13de eeuw* (Leuven 1982).
- *Le mouvement scientifique en Belgique 1830–1905* (Brussel / Brussels 1907) 2 vols.
- J. de Maeyer, K. Maes, L. Verpoest et al., *Joris Helleputte. Architect en politicus 1852/1925* (Leuven 1998) 2 vols.
- A. Meulemans, *Farmaceutisch onderwijs te Leuven van 1794 tot 1968* (Leuven 1982).
- J. Roegiers (ed.), *300 jaar chemie te Leuven 1685–1985* (Leuven 1985).
- J. Roegiers & I. Vandevivere (ed.), *Leuven / Louvain-la-Neuve. Kennis maken* (Leuven 2001).
- J. Staes, J. Vandyck et al., *Hortus lovaniensis. Vijf eeuwen plantkunde te Leuven* (Leuven 2004).
- J. Tollebeek, 'New Periodicals for New Ideas. On the Birth of the *Revue d'Histoire ecclésiastique*', in: *Revue d'Histoire ecclésiastique*, 95 (2000), 391-429.
- J. Tollebeek & L. Nys, *The City on the Hill. A History of Leuven University, 1968–2005* (Leuven 2006).
- *L'Université de Louvain 1426–1927*, themanummer van / special issue of *Revue des Questions scientifiques*, 46 (1927).
- R. Uytterhoeven, *Nostalgia Lovaniensis* (Leuven 2000).
- G. Vanpaemel & B. van Tiggelen, 'Natuurwetenschappen in Leuven', in: J. Roegiers & I. Vandevivere (ed.), *Leuven / Louvain-la-Neuve. Kennis maken* (Leuven 2001) 109-119.
- L. Verpoest, '125 jaar ingenieursopleiding aan de Katholieke Universiteit te Leuven. De eerste halve eeuw, 1864–1914', in: *Onze Alma Mater*, 43 (1989), no. 1, 25-52.
- J. Wils, *Le musée de l'université de Louvain incendié par les soldats allemands le 25 août 1914. Tableaux, aquarelles, portraits, bustes* (Leuven 1924).
- K. Wils, *Het verdriet van Leuven. De reaktie op het positivisme in het Hoger Instituut voor Wijsbegeerte (1889–1914)* (K.U.Leuven licentiaatsverhandeling in Geschiedenis / licentiate thesis in History, Leuven 1991).
- B. Woestenborghs, R. Hermans & Y. Segers, *In het spoor van Demeter. Faculteit Bio-ingenieurswetenschappen K.U.Leuven, 1878-2003* (Leuven 2005).

Dankwoord Acknowledgements

Deze publicatie is enkel tot stand kunnen komen dankzij de schenking van het oorspronkelijke album door mevrouw Marie-Rose de Keyser uit Walhain. De K.U.Leuven is de familie De Keyser daarvoor zeer erkentelijk.

De redactie dankt ererector André Oosterlinck voor de financiële en morele ondersteuning van dit project, alsmede rector Mark Waer, ererector Marc Vervenne en de algemeen beheerder van de universiteit Koen Debackere. Oud-universiteitsarchivaris Jan Roegiers en hoofdbibliothecaris Mel Collier hebben het album enthousiast beschikbaar gesteld voor publicatie. Voorts zijn we dank verschuldigd aan fotograaf Bruno Vandermeulen voor de feilloze reproductie van het fotomateriaal, aan Eline van Assche voor haar hulp bij de eindredactie van de teksten in dit album en aan Anne Verbrugge en Kjell Corens voor hun historisch onderzoek.

This publication would not have been possible without the donation of the original album by Mrs Marie-Rose de Keyser of Walhain. K.U.Leuven is very grateful to the De Keyser family for this gift.

The editors would like to thank Rector Emeritus André Oosterlinck for his financial and moral support for this project, as well as Rector Mark Waer, Honorary Rector Marc Vervenne and the General Administrator of the university, Koen Debackere. The former Archivist of the University Jan Roegiers and Chief Librarian Mel Collier enthusiastically made the album available for publication. We are also indebted to photographer Bruno Vandermeulen for the flawless reproduction of the photographic material, to Eline van Assche for her assistance with the final editing of the texts in this album and to Anne Verbrugge and Kjell Corens for their historical research.

Colofon Colophon

Fotografie Photography
Bruno Vandermeulen

Boekverzorging Book Design
Stéphane de Schrevel

Druk Printing
Drukkerij Lannoo

ISBN 978 90 5867 803 4
D/2012/1869/3
NUR 693